KB233499

성공기업들의
생존방법
지식서비스
아웃소싱
기술전략편

성공기업들의
생존방법

지식서비스

아웃소싱

기술전략편

지식경제부 산업연구원

이담
Books

추천사

기업인 여러분 안녕하십니까?

　지난 몇 년 동안 우리 경제는 국제 금융 위기, 고유가, 수입 원자재 가격 상승 등 여러 가지 어려운 대외적인 위기와 난관을 극복해 왔습니다. 대내적으로도 성장 둔화, 고용 위축 등을 겪으면서 신기술 개발, 구조조정 등 일련의 혁신 활동을 통하여 내실을 다져 왔습니다. 이러한 노력의 결과 우리 경제는 점진적으로 고효율, 고부가가치 산업을 중심으로 산업 구조를 재편해 나가고 있습니다. 무수한 대내외적인 역경 속에서도 우리 경제가 다시 나아가고 있는 것은 우리 기업가들의 강한 도전 정신과 혁신을 위한 부단한 노력 덕분입니다.

　　우리나라가 선진국으로 진입하기 위해서는 우선적으로 우리의 산업 구조를 선진국형으로 전환해 나가는 것이 필요합니다. 이는 특정 산업 부문의 외형적 비중 증대가 아니라 기업 활동의 구성과 내용의 질적 수준을 제고함으로써 가능할 것입니다. 글로벌화, 정보화와 같은 패러다임의 전환기에 지속 가능한 성장 동력을 확보하기 위해서는 창의적인 지식 경영이 필수적입니다.

　　그동안 우리 경제는 제조업을 성장 동력으로 하여 세계 11위의 무역 대국으로 성장하였습니다. 반도체, 조선 등의 분야는 세계 1~5위의 경쟁력을 갖추게 되었습니다. 반면에 서비스산업은 GDP 및 고용에서 차지하는 비중과 생산성이 주요 선진국에 크게 못 미치고 있습니다. 제품의 품질과 가격 경쟁력에 큰 영향을 미치는 상품 기획, 연구 개발, 디자인, 경영 컨설팅 등 지식서비스산업의 수준도 마찬가지입니다. 서비스업 중에서도 우리가 강점을 가지고 있고 제조업의 부가가치를 높이며 동반성장할 수 있는 것은 지식서비스 업종입니다. 그리고 지식서비스산업의 발전은 공급 부문의 경쟁력 확대와 수요 업체의 아웃소싱 확대에 달려 있습니다. 우리 기업들도 아웃소싱을 통해 비용을 절감하고 핵심 사업에 역량을 집중함으로써 전문성 제고와 구조 개선을 통해 지속가능한 성장을 추구해 나갈 수 있을 것입니다.

아웃소싱 시장이 활성화되기에는 기업의 수직적인 의사결정 구조, CEO의 인식 부족, 아웃소싱 공급업체의 영세성, 최저가 낙찰제 운영, 기업 보안 관련 문제 등 아직도 많은 장애요인이 있습니다. 그러나 우리가 2만 불, 3만 불 시대로 진입하기 위해서는 제조업의 성장과 더불어 지식서비스산업의 발전이 필수적이라는 점을 인식해야 할 것입니다. 오늘날 선진국으로 갈수록 서비스산업이 경제에서 차지하는 비중과 중요성이 점차 높아지고 있고, 특히 지식서비스산업이 제조업의 경쟁력 제고에 직접 기여하면서 고급 일자리 창출도 가능한 유망산업이기 때문입니다.

전체 기업의 95% 이상을 차지하는 중소기업은 지식서비스 조달이 필요한 분야의 선택, 공급자의 물색, 피드백, 성과의 유지 등 아웃소싱 방법론에 관하여 참고할 만한 정보를 충분히 가지고 있지 못합니다. 다국적 기업들의 아웃소싱 전략이나 사례는 널리 알려지고 있으나, 기업 규모가 작고 인적 자원이 충분치 못한 우리 중소기업들이 활용하는 데에는 한계가 있습니다. 이에 지식경제부는 산업연구원과 공동으로 우리 중소기업이 보다 쉽게 아웃소싱을 추진하는 데 도움이 될 수 있도록 『(성공기업들의 생존방법)지식서비스 아웃소싱(기술전략편, 운영전략편)』을 발간하게 되었습니다. 본 사례집은 중소기업이 지식서비스 아웃소싱 과정에서 직면하는 문제를 해결하는 데 조금이나마 보탬이 되고, 아울러 지식서비스의 중요성을 인식하고 지식 경영을 도입하는 데 길잡이 역할을 할 것으로 기대합니다.

앞으로도 지식경제부는 우리 기업들의 지식경영을 확산시키고 우리 산업의 지식산업화를 촉진할 수 있는 다양한 정책을 시행해 나갈 것입니다. 특히 지식서비스 분야의 발전과 새로운 분야의 발굴, 그리고 서비스의 수요 확대를 위한 정책 발굴에도 지속적으로 관심을 기울여 나가겠습니다.

끝으로 지식서비스 아웃소싱 우수사례 조사에 기꺼이 응해주신 기업체와 사례연구에 참여한 연구진, 그리고 이 책의 발간에 협조해 주신 출판사 관계자 모두에게 진심으로 감사드립니다.

2010년 4월
지식경제부 장관

최 경 환

　　지식 활동은 기업 혁신의 출발점입니다. 일찍이 경기순환론의 대가인 J. A. 슘페터는 혁신을 '생산을 확대하기 위하여 노동, 토지 등 생산 요소의 편성을 변화시키거나 새로운 생산 요소를 도입하는 기업가의 행위'라고 정의하였습니다. 또한 경영평론가로 유명한 피터 드러커는 '혁신은 기존 자원이 부를 창출하도록 새로운 능력을 부여하는 활동'이라고 말합니다.

　　이처럼 기업이나 산업의 발전에는 혁신 활동이 중요하고, 그 혁신의 성공 여부는 얼마나 많은 지식을 보유하고, 보유한 지식을 어떻게 효과적으로 활용하느냐에 달려 있습니다. 기존에는 주로 기업의 연구 개발 활동에 지식을 투입함으로써 혁신을 추진하였습니다.

그러나 최근에는 기술 개발뿐만 아니라 기업의 업무 재설계나 서비스 과학화, 비즈니스 모델의 개발과 같은 비기술적 혁신도 매우 중요해지고 있습니다.

최근 혁신 기업의 전형으로 널리 회자되고 있는 미국의 애플사는 아이팟, 아이폰, 아이패드로 이어지는 일련의 혁신적인 제품을 시장에 내놓고 있습니다. 애플을 혁신기업이라고 일컫는 데는 비단 신제품의 성능이나 디자인 때문만이 아닙니다. 애플은 혁신적인 디바이스와 콘텐츠 서비스를 결합함으로써 전례 없는 성공을 거두고 있는 것입니다. 애플의 주가는 2001년 9.35달러에서 2010년에는 240달러를 넘어서 10년 만에 20배 이상 상승하였습니다. 애플의 성공 사례에서 보듯이 성공하는 기업에는 혁신적인 사고와 혁신적인 기업 활동을 하는 경영자가 있었습니다.

잘 알려진 바와 같이 이처럼 기업이 경영 활동에 필요한 지식을 투입하기 위해서는 기업 내부에서 지식집약적 활동(knowledge intensive activity)을 강화하거나 기업 외부로부터 혁신에 필요한 지식을 도입해야 합니다. 그러나 중소기업들은 열악한 자금 사정, 고급 인력의 부족 등으로 기업 내부에서의 지식집약적 활동을 강화하기 쉽지 않습니다. 따라서 필요한 지식을 외부 기업으로부터 조달하는 지식서비스 아웃소싱이 하나의 대안이 될 수 있습니다.

그러나 우리나라 기업들은 아웃소싱을 주로 비용 절감을 위한 수단으로만 인식하는 경향이 있습니다. 선진국에서는 이미 비용 절감 목적 외에도 혁신을 위한 지식 도입을 위한 목적으로 다양한 분야에서 아웃소싱을 추진하고 있습니다. 다행히도 최근 일부 국내 중소기업들도 지식서비스를 아웃소싱하는 사례가 여러 분야에서 나타나고 있습니다.

이 보고서는 국내 중소기업들의 지식서비스 아웃소싱 사례를 체계적으로 수집, 정리한 사례집입니다. 먼저 기업 활동을 디자인, 마케팅, 연구 개발, IT 활용 등 기능적인 측면에서 분류하고 분야별 대표 사례를 수집하였습니다. 아울러 아웃소싱 프로세스를 도입 배경, 공급자의 선정, 운영 및 문제 해결, 성과 분석 등으로 구분하여 각 단계에서의 수요자와 공급자의 역할과 성과를 기술하였습니다.

비록 이 보고서에 수록된 지식서비스 아웃소싱 기업들의 사례가 아웃소싱을 계획하고 있는 우리 중소기업들에게 충분한 정보를 전달하는 데는 부족한 점이 있을 것입니다. 그러나 지식서비스 아웃소싱에 관한 정보가 거의 전무한 우리 현실에서 앞선 기업들의 지식서비스 아웃소싱 사례는 후발 기업들에게 적지 않은 참고가 될 수 있을 것입니다.

이 연구는 산업연구원이 지식경제부의 지식서비스산업 육성을 위한 정책 사업의 일환으로 추진하였습니다. 먼저 우리나라 산업 혁신에 도움을 주고자 기꺼이 지식서비스 아웃소싱 관련 정보를 제공해 주신 업체들에 감사드립니다. 지식서비스 아웃소싱 연구기획 및 최종 원고를 정리한 산업연구원의 지식서비스팀과 현장조사 업무를 추진한 인포마스타(주) 임직원, 그리고 이 책의 출판을 맡아 주신 한국학술정보(주)의 노고에도 감사드립니다. 아울러 이 보고서의 내용은 지식경제부와 산업연구원의 공식 견해가 아니며, 조사 연구에 참여한 필자들의 의견임을 알려드립니다.

감사합니다.

2010년 4월

산업연구원장

|C|O|N|T|E|N|T|S|

11 아웃소싱은 유연성의 극대화이다
┃한국 마사회와 LG CNS┃

14 품질 향상과 기업 이미지를 제고하는 아웃소싱
┃성보잉크와 SGS TESTING KOREA┃

15 새로운 연료를 발판으로 도약하다
┃코스모화학(주)와 정산이앤티(주)┃

16 아웃소싱으로 미래를 준비하다
▌경도화학공업과 한국화학시험연구원 ▌

1.

(주)세올디자인의 네트워킹

:: (주)세올디자인과 데네브

1. 소비자의 시선을 잡아라

2. (주)세올디자인의 경쟁력은 창의력에서

3. 신뢰의 원천은 기술력에 대한 믿음

4. (주)세올디자인만의 네트워킹

5. 단순 상하관계가 아닌 성숙한 Co-working 관계로……

구분	발주사	공급업체
업체명	(주)세올디자인컨설팅	데네브
		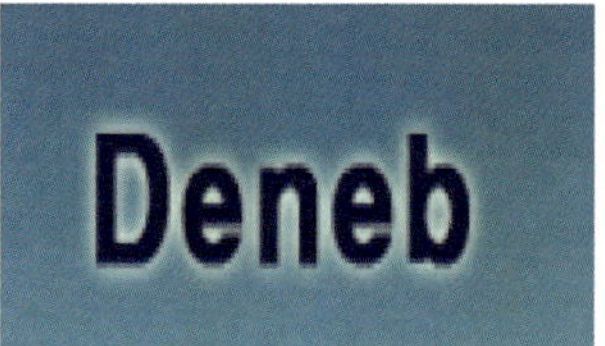
주요업종	환경 디자인, 제품 디자인	기구 설계
대표명	서경배	제정오
주소	서울시 서초구 양재1동 106-4 동연빌딩 6층	서울시 서초구 양재1동 106-4 동연빌딩 2층
홈페이지	www.seol.co.kr	www.denebtech.com
요약	세올디자인에서 디자인하고 구상하고 있는 제품의 내부 기구 설계를 위한 연구 및 개발을 데네브에서 담당하였다.	

⁑ 1. 소비자의 시선을 잡아라

어떤 기업이든 자신의 제품이 소비자의 이목을 끌길 원할 것이다. 아무리 품질이 좋은 제품이라도 소비자의 시선이 머무르지 않으면 선택받을 수 없기 때문이다. 그런데 그 일이 생각보다 쉽지 않다. 소비자들의 시선은 그 자리에 멈춰 있는 법이 없다. 어느 방향으로 튈지 쉽게 예상할 수도 없고 수시로 변하기까지 한다. 첫눈에 뭔가 남달라 보여야 소비자가 눈을 크게 뜨고 쳐다보게 된다. 소비자의 시선을 잡을 수 있는 경쟁력, 그것이 비로 디자인이나

대개의 기업들이 제품의 생산과 품질에 치중하다 보니, 디자인에는 소홀한 편이다. 좋은 제품을 생산해 놓고도 소비자의 시선을 제대로 못 받는 기업도 있다. 이러한 기업들에게 '당신은 경쟁자들보다 특별하기를 원합니다.'라며 매력적인 제안을 하는 회사가 있다. 경쟁자가 제공하지 못하는 이점이나 혜택을 독특하게 표현할 수 있도록 컨설팅을 제공하고, 기업이 보다 매력적인 제품을 생산하도록 아름다움을 제공하는 회사, 바로 (주)세올디자인이다.

(주)세올디자인은 1991년에 김애수 대표에 의해 설립됐다. 제품 디자인을 전공한 김애수 대표는 당시 디자인만을 주력으로 하는 업체가 국내에 많지 않음을 알고 있었다. 당시 국내에는 디자인 회사가 50여 곳에 지나지 않았으며, 그 수준도 그다지 높은 편은 아니었다. 김애수 대표는 이런 황량한 환경이 오히려 경쟁력을 발휘할 수 있는 기회라고 생각했다. 이렇게 첫발을 내디딘 (주)세올디자인은 디자인이 왜 중요한가에 대해서 설파해 나갔고, 품질에만 매

달리던 업체들의 인식도 조금씩 바꿔 나갔다. 그 후 7, 8년이 지나면서 디자인의 중요성이 부각되기 시작했다.

기술력의 향상으로 업체 간에 기술력의 차이가 그다지 크지 않았기 때문에 디자인으로 승부를 거는 업체들이 늘어난 것이다. 이때 많은 디자이너들이 나타났으며, 업체들도 우후죽순으로 늘어났다. 그러나 유행에 따라 생겨났던 업체들은 금세 사라졌다. 갑자기 포화 상태가 돼 버린 시장과 경쟁에서 사라진 업체들…… 그 과정에서 (주)세올디자인도 여러 위기가 있었지만, 굳건히 20여 년을 견뎌 냈으며, 지금도 여전히 왕성한 활동을 하고 있다.

2. (주)세올디자인의 경쟁력은 창의력에서

(주)세올디자인은 인간적인 회사를 지향한다. 직원들을 채용할 때 가장 중요하게 생각하는 것이 인성이다. 이러한 이유로 직원들의 복장도 자유롭고, 직급이나 연령에 상관없이 항상 가족 같은 분위기를 유지하기 위해서 노력하고 있다. 이러한 분위기를 조성하는 것은 창의성이 무엇보다 중요한 디자인 회사이기 때문이다.

목을 꽉 조이는 타이를 매고 있거나, 똑같은 정장이나 유니폼을 입고서는 공장의 기계처럼 천편일률적인 제품만 찍어 낼 수밖에 없다. (주)세올디자인에서는 똑같은 모양의 제품을 수백, 수천 개 만드는 것이 아니라 그 하나가 유일한 것을 창조해 내야 한다. 최대한 자유롭고, 화목한 분위기는 직원들의 창의성을 독려하고 있는 것이다.

(주)세올디자인은 제품 디자인 및 환경 디자인을 하는 종합 디자인 전문 업체이다. 기업체로부터 의뢰를 받으면, 제품에 대한 정보를 바탕으로 디자인을 하고 있다. 경우에 따라서는 제품의 최초 기획 단계에서부터 참여하기도 한다. 제품의 기획 의도와 가능성, 주소비층 등을 파악하고, 제품의 기술적 이해를 바탕으로 해야 좋은 디자인이 나오기 때문이다.

지난 20여 년 동안 제품의 기능과 장점을 제대로 살리면서 사용 편리성을 추구해 온 (주)세올디자인은, '소비자에게 잘 팔릴 수 있는 디자인'이라는 인식과 함께 (주)세올디자인만이 해낼 수 있는 특화 분야를 양성해 냈다.

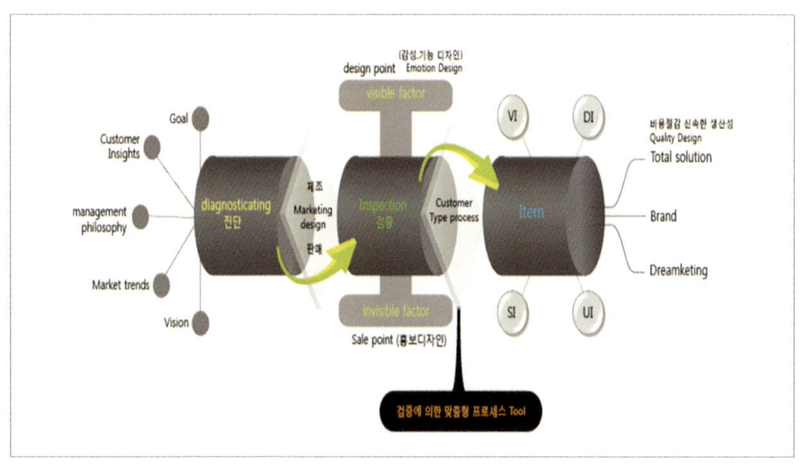

대부분의 업체들은 제품이면 제품, 환경이면 환경과 같이 특정 분야에만 집중한다. 하지만 (주)세올디자인은 처음 설립될 때부터 제품 디자인과 환경 디자인을 동시에 하고 있다. 일상에서 접하고 있는 무수한 환경에 대한 디자인과, 생활 속에서 사용하는 각종 제품에 대한 디자인은 서로 동떨어질 수 없다는 입장을 갖고 있기 때문이다. (주)세올디자인은 형이상학적이고 이상만을 강조하는 비현실적인 디자인이 아니라, 소비자에게 친근하게 접근함과 동시에 업체의 제품 양산까지 고려하는, 세심한 디자인으로 그 가치를 인정받고 있다.

(주)세올디자인은 단순히 디자인만을 위한 디자인을 피한다는 경영전략을 가지고 있다. 의뢰한 제품의 디자인에서 업무가 끝나는게 아니라 전략개발팀을 따로 두어서 컨설팅을 통한 전략 기획까지 가능하게 하고 있다. 전략개발팀 인원은 5명으로 전체 사원 수와 비교했을 때 상당히 높은 비중을 차지하고 있다. 이것이 단순히 디자인만을 취급하는 다른 업체와 차별되는 부분일 것이다. 전략개발팀의 존재는, 빠르게 시장성을 형성하고 있는 환경 디자인 분야에서도 (주)세올디자인의 경쟁력을 높여 주고 있다.

최근에 환경 디자인 시장은 확장 일로에 있다. 국가라는 브랜드의 이미지를 제고하는 데에 있어서 환경이 매우 중요한 부분임을 인식하기 시작한 것이다. 그만큼 환경 디자인이 붐이 될 정도로 관심을 끌고 있다. 때문에 각 지자체 및 정부가 앞장서서 환경 디자인의 중요성에 대해서 홍보하고 있는 상황이다. 그에 따라서 반드시 환경 디자인을 거친 후에 도시 개발을 추진해야 한다는 법이 작년에 통과되었다. 이러한 시장의 변화와 상황은 (주)세올디자인에게는 매우 긍정적일 수밖에 없다.

제품 디자인은 특성상 시장에 활력이 넘칠 때에는 중요성이 소홀해지고, 시장에 위기 상황이 닥쳤을 때 그 중요성이 부각된다.

활발한 시장에서 제품의 매출은 자연스러운 것이지만, 시장이 위태로워져서 경쟁이 치열해질 경우는 업체들이 경쟁에서 살아남기 위해서 디자인을 강화하기 때문이다. 이런 이유로 현재의 경제위기 상황을 기회라고 생각하고 있다. 또한 세계화로 인해서 경쟁이 치열해진 만큼 (주)세올디자인의 역할도 크게 늘어날 것이라 예상하고 있다.

(주)세올디자인에서 대표적으로 거래하고 있는 기업체는 LG이다. LG는 사내에 디자인 인원만 500여 명이 넘지만, 워낙 많은 물량 탓에 10% 이상은 외주를 주고 있다. 이것을 다른 시각에서 보면, 새로운 감각의 디자인에 대해서는 문호를 개방하고 있는 것이기도 한다.

해외 시장의 경우, 5년 전부터 북경과 광저우에 지사를 두고서 적극적으로 중국시장을 공략하고 있는데, (주)세올디자인은 이미 가전 분야를 중점으로 중국 내 대기업과 거래하고 있다. 현지의 대기업들은 30~40여 곳 정도 되는데, 기본적으로 좋은 디자인은 필수적이어야 한다고 인식하고 있다.

중국 디자인업체들은 아직 디자인 수준이 낙후돼 있고, 일본이나 유럽 업체의 디자인들은 중국인들이 선호하는 디자인과 거리가 있다. 게다가 한류의 영향으로 중국인들이 한국제품을 생각하는 게 남다르다. 이러한 점뿐만 아니라 한국 디자인업체들은 발전된 디자인 수준까지 갖추고 있어서 각광받고 있다.

국내외적으로 일련의 상황들은 (주)세올디자인에게는 긍정적으로 작용하고 있다. 공산품 등 제품 디자인의 중요성이 강조되고 있고, 환경 디자인 역시 (주)세올디자인과 같이 전략적으로 접근하는 국내업체들이 많지 않다. 이러한 점은 경쟁업체들에 비해 앞서 나갈 수 있는 경쟁력이 되고 있다.

현재 (주)세올디자인에는 25명의 사원들이 일하고 있으며, 중국지사에는 3명의 사원이 일하고 있다. 연매출액은 2007년 기준 16억 원 정도이고, 영업이익은 15% 정도이다. (주)세올디자인은 200여 개의 업체가 있는 동종업계에서 선두 그룹에 속해 있다고 볼 수 있는데, 현재 국내 제품 디자인과 환경 디자인 분야에서 Top10의 위치를 차지하고 있다.

앞으로 시장 전망은 제조업 기업들이 디자인을 필수적인 일로 인식하고 있으므로 밝다고 할 수 있다. 하지만 제조업체의 수가 줄고 있는 국내의 추세는 부정적으로 볼 수 있다. 예전보다 디자인의 수요가 줄고 있는 것이다. 중국 시장의 경우도 앞으로 5년 정도는 전망이 밝으리라 예상하지만, 그 이후는 장담할 수가 없다. 중국 디자인업체의 수준도 점점 높아지고 있으므로 시장 상황이 어떻게 변할지는 알 수가 없다. 때문에 (주)세올디자인은 베트남과 인도 시장 진출을 계획하고 있으며, (주)세올디자인만이 할 수 있는 디자인을 무기로 더 높은 경쟁력을 확보하기 위해서 오늘도 뛰고 있다.

3. 신뢰의 원천은 기술력에 대한 믿음

새로운 제품이 만들어지기까지는 보통 디자인, 설계, 시제품, 금형, 사출, 생산 과정을 거치게 된다. 이 과정에서 (주)세올디자인은

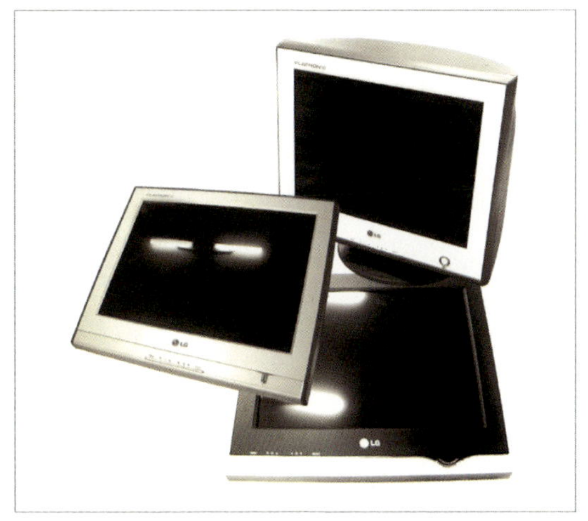

디자인을 전담하고 있고, 나머지 분야에 대해서 아웃소싱을 하고 있다.

의뢰받은 제품은 그 특성이 저마다 다르다. 때문에 제품 완성에 필요한 기구 설계 분야도 제품마다 다를 수밖에 없다. 그렇기 때문에 각각의 제품 디자인 프로젝트마다 관리자 회의를 거쳐서 실무자와 담당자가 아웃소싱 도입을 제안하고 있다.

이 분야에 대한 아웃소싱 도입은 기술력에 투자해야 하는 비용을 줄이기 위해서이다. 제품 생산까지 각각의 과정에 따른 전문 인력을 확보하고 설비를 갖추기에는 투자비용이 많이 들어간다.

경우에 따라서는 각각의 과정에 필요한 전문 기술의 확보뿐만이 아니라 개발까지 해야 하는 부담이 생기기도 한다. 이런 이유로 아웃소싱이라는 방법을 택하게 되었고, (주)세올디자인에서 부담해야 될 비용과 위험을 최대한으로 줄일 수 있었다. (주)세올디자인의 필요에 의해서 아웃소싱이 도입되었기 때문에 아웃소싱에 대한 경영자 및 직원들의 인식은 긍정적이다. 물론 제공되는 아웃소싱의 품질 역시 긍정적인 인식에 한몫하고 있다.

기구 설계에 대한 아웃소싱 비중은 프로젝트마다 매출의 30～50% 정도를 차지하고 있다. 대부분의 업체들이 제품 의뢰가 들어오면 디자인을 하고 샘플 작업을 해본 후에 기구 설계 단계가 반드시 들어가야 한다. 때문에 디자인 업체들에게 기구 설계는 필수적인 부분이다.

(주)세올디자인의 아웃소싱 공급업체는 '데네브'라는 전문 업체가 맡고 있다. (주)세올디자인과 '데네브'에는 쌍방의 회사를 전담하는 인력은 특별히 두고 있지 않으며, 프로젝트별로 아웃소싱 기간을 계약하면 프로젝트 담당자들이 전담하는 방식을 취하고 있다. 계약 만료 후에도 공급업체를 변경하는 경우는 거의 없는데, 서로의 오랜 유대감으로 사실상 계약관계를 유지하고 있기 때문이다. 그러나 작업의 양이 많을 경우에는 부득이하게 다른 업체에 아웃소싱을 요청하기도 한다.

아웃소싱 공급업체를 선정하는 방식은 다년간에 여러 업체를 접해 온 경험을 바탕으로 결정하고 있다. 질적인 부분이 보장된 업체와는 장기간 작업을 하는 형태를 취하고 있는데, 현재 '데네브'도 약 6년간을 함께 작업해 왔다. 질적인 부분이 담보된 공급업체는 품질에 이상이 없는 한 변경을 고려하지 않고 있다.

(주)세올디자인에서 아웃소싱 공급업체를 결정하는 절대조건은 기술력의 질적 수준이다. 또한 업무의 특성상 쌍방의 호흡이 잘 맞아야 되므로, 쌍방의 커뮤니케이션이 어느 정도 가능할 것인지를 파악하는 것도 결정 조건에 포함돼 있다. 예를 들어서 디자인이 결정된 시제품에 파란색을 입히는 작업만 하더라도 (주)세올디자인의 디자이너가 원하는 파란색과 아웃소싱 공급업체 직원이 구현해 내는 파란색의 차이로 수백 번의 반복 작업을 거칠 수도 있다. 또한 직접 칠해진 시제품을 보고서 디자이너의 판단이 바뀔 수도 있다. 그러므로 작업할 때는 공급업체와의 업무 호흡 능력과 의사소통이

매우 중요하다. 수백 번의 반복 작업 동안 서로간의 호흡이나 작은 차이의 조율이 없다면, 원활한 작업은커녕 (주)세올디자인이 강조하는 경쟁력 있는 디자인이 만들어질 수 없다.

아웃소싱의 비용을 산정할 때에는 일정한 틀에 맞춰 계산하기보다는 서로간의 협의를 기준으로 정한다. 프로젝트의 규모 및 기술적 특성에 따라 예산을 정하기 때문에 매번 다른 금액으로 계약하고 있다.

⁘ 4. (주)세올디자인만의 네트워킹

(주)세올디자인에서의 아웃소싱의 증가는 매출액 증가와 정비례하고 있다고 할 수 있다. 위에서 언급했듯 기구 설계는 각각의 프로젝트마다 필수적인 작업이다. 따라서 아웃소싱 공급업체에 대한 비용 증가는 곧 (주)세올디자인의 프로젝트가 늘어났음을 의미한다. 아웃소싱이 많이 이루어질수록 (주)세올디자인의 매출은 늘어나는 것이다.

여기에 (주)세올디자인이 따로 인력을 배치하지 않고도 전문기술을 도입한 효과를 누리고 있기 때문에 실제 매출액은 더 증가했다고 봐도 무방하다. 아울러 (주)세올디자인의 이미지 개선 효과도 크다. 단순히 디자인만을 다루는 업체가 아니라 기술적 부분까지 포괄적으로 아우를 수 있는 경쟁력을 가진 전문회사로 각인되고, 또 인정받고 있기 때문이다.

만약 이러한 아웃소싱 분야를 자체 인력 충원으로 해결할 경우 4명 이상의 전문 인력이 필요할 것이다. 인력에 따라 매달 고정 지출이 나가므로 비용적인 부담이 생길 것이다.

현재는 프로젝트별로 기구 설계를 의뢰해서 진행하지만, 기구 설계에 대한 설비를 갖추고 있다면 설비의 활용을 위해서 (주)세올디자인 외의 작업을 또한 수주받아야 할 것이다. 설비에 대한 영업을 해야 한다는 얘기인데, 이는 큰 부담이 될 것이다. 새로운 기술이 필요할 때마다 새로운 전문 인력을 충원하거나 새로운 기술력을 확보하기 위한 비용과 수고스러움도 역시 무시할 수 없다.

아웃소싱에 대한 (주)세올디자인의 노하우라면 '프리미엄 디자인'으로 정리될 수 있다.

먼저 (주)세올디자인이라는 브랜드를 내세워서 프로젝트를 수주한다. 그다음 (주)세올디자인 자체의 네트워크(아웃소싱 공급업체)를 통해 설계, 시제품, 금형, 사출, 생산 과정이 모두 이루어지게 하는 방식을 취하고 있다. 즉 (주)세올디자인을 필두로 논스톱 제품 제작이 가능하도록 아웃소싱 공급업체 체계를 구축하고 있는 것이다. 기술력이 높은 아웃소싱 업체들과 긴밀한 커뮤니케이션 및 기술제휴 등으로 보다 기술력을 겸비한 실용적인 디자인을 제공할 수 있는 것이다.

이는 체계적인 네트워킹을 구축한 (주)세올디자인만의 경쟁력이다. 또한 오랜 세월 축적된 경험을 바탕으로 기술력이 뛰어난 아웃소싱 공급업체들을 많이 보유하고 있는 점을 노하우라고 볼 수 있다. 수년 동안 대기업을 통해서, 또 아웃소싱 공급업체들과 직접 부딪히면서 풍부한 경험을 한 인력을 다수 보유하고 있는 것도 (주)세올디자인만의 노하우이자 자랑이다.

⁛ 5. 단순 상하관계가 아닌 성숙한
Co - working 관계로……

(주)세올디자인은 앞으로 컬러 부분과 GUI 디자인* 분야에서 아웃소싱 도입을 희망하고 있으며, 스포츠디자인 분야의 컬러 부분을 향상시키기 위해서 색채디자인 연구소에서 이에 대한 연구를 진행 중에 있다.

또한 아웃소싱 규모를 현재에서 약 50% 이상 늘릴 계획인데, 이렇게 분야를 넓혀서 하나의 회사처럼 모든 과정을 단번에 해결할 수 있는 네트워킹을 더욱 견고히 하는 게 (주)세올디자인의 목표이다.

(주)세올디자인은 아웃소싱 산업이 활성화되기 위해서는 아웃소싱 분야가 좀 더 세분화되고 전문적인 업체가 늘어나서 단순 상하관계

---

* GUI(Graphic User Interface) 디자인: 그래픽을 통해 작업할 수 있는 환경을 말하는 것으로, 사용자 중심의 디자인이라고 설명할 수 있다. 예를 들면, 예전 도스에서는 명령어를 직접 입력하는 방식이었다면, 윈도우에서는 바탕화면에 보이는 아이콘이나 메뉴 같은 것들을 간단하게 클릭하면 실행되도록 만들었다. 윈도우의 아이콘 같은 경우가 GUI 디자인의 일종이다.

가 아니라 Co-working 관계로 발전해야 된다고 생각하고 있다.

미국이나 유럽 등 선진국의 경우도 하나의 브랜드로 홍보하여 수주를 받은 후, 자체 네트워크를 통해 하나의 일을 완성해 나가는 추세이기도 하다. 네트워킹은 미래에 디자인 선진국으로 가기 위해서는 갖추어야 할 체계이며, 이를 위해서는 아웃소싱 업체들을 체계적으로 관리하는 시스템이 가장 중요하다고 보고 있다.

아웃소싱 공급업체의 의견

〔 아웃소싱 성과 〕

서로가 책임감을 가지고 개발에 임할 수 있었기 때문에 가족적인 관계를 유지하며 프로젝트를 수행한 결과 상호 협조와 제품의 질 극대화에 주력할 수 있었다. 고객에게 항상 만족하는 제품개발이 가능하게 되었고, 항상 같은 회사라는 인식하에 프로젝트를 대함으로써 고객 만족이 가능한 제품을 출시할 수 있었다.

〔 아웃소싱 활성화를 위한 기업적 / 정책적 기대사항 〕

기술 위주 아웃소싱 공급 기업에서 가장 필요로 하는 자원은 인력으로 중소기업이 안정적으로 인력을 수급할 수 있는 체계를 정부정책 차원에서 마련할 필요가 있다. 이러한 기업들을 아웃소싱 공급 기업에 우선적으로 배치하여 중소기업의 기술인력 유지에 필요한 고정비용 절감 등의 효과를 발생시켜야 한다.

〔 회사 소개 〕

데네브 테크놀로지는 2003년 설립된 IT 및 전기/전자, 장비 메커니즘 설계 분야 등 다양한 분야의 연구개발 사업을 수행하고 있는 전문기업으로서 현재 기구 설계 전문 업체로 업계에서 높은 인지도를 가지고 있다.
주요 고객으로는 LG산전, LG전자, BTC정보통신, 세울 등이 있으며 앞으로도 산업 분야의 기술개발과 시스템 연구를 선도하는 기업이 되고자 노력을 지속하고 있다.

진짜 승부는 디자인이다

:: 팀스포츠와 가람디자인컨설팅

1. 우연한 발걸음이 기회로

2. 품질로 얻은 자신감, 해외 시장으로

3. 문제는 디자인이다

4. 아웃소싱, 또 다른 전략

5. 아웃소싱을 통해서 세계를 무대로

구분	발주사	공급업체
	팀스포츠	가람디자인컨설팅
업체명	Feel your freedom Teamsports 팀스포츠	KAHRAM
주요업종	제조업/스포츠 의류	제품 디자인
대표명	제정오	박성근
주소	서울시 중구 신당동 97-15번지 송봉빌딩 3층	서울시 송파구 방이동 172-19 신일빌딩 3층
홈페이지	www.teamsports.co.kr	www.kahram.com
요약	팀스포츠의 사업전환을 위한 신규시장과 자사 분석을 통한 타당성 분석과 디자인 전략을 통한 경쟁력 보완을 가람디자인컨설팅에서 담당하였다.	

⁘ 1. 우연한 발걸음이 기회로

20대 초반의 한 대학생이 학과에서 맞춘 단체티를 찾기 위해 남대문시장을 찾는다. 그 대학생은 새벽부터 일에 매달리는 남대문 상인들의 바지런함에 감동을 받게 된다. 사는 게 고단하지 않은 사람이 어디 있겠냐마는 그분들의 삶에 대한 생각과 태도가 남달라 보인 것이다. 이렇게 열심히 뛰어야만 뭐라도 해낼 수 있을 거라는 교훈을 얻은 대학생은 바로 남대문시장에서 사업적 수완을 발휘한다.

처음 시자은 단순했다. 큰 욕심 없이 눈대중으로 옷가시들을 끌라 남대문과 동대문, 대학로 등지에서 옷을 조금씩 팔았는데, 제법 팔리기까지 했다. 장사에 흥미를 느낀 것뿐만이 아니라 재능까지도 확인한 대학생은 점차 주변 학교 등으로 판매처를 넓혀 갔다. 자신감이 생긴 대학생은 한여름 반바지 100장을 들고 무작정 삼천포해수욕장을 찾았다. 성과는 예상 밖이었다. 단 하루만에 100장을 모두 판 것이다.

그 대학생이 바로 '팀스포츠' 대표 제종오이다.

제종오 대표는 이때의 경험을 바탕으로 OEM(주문자상표부착) 방식을 적극 활용하여 사업화한다. 기존의 OEM 방식이 작은 업체가 큰 업체에 납품하는 형식이었는데, 이를 응용해서 소비자의 주문에 의해서 제품을 생산하고 소비자한테 직접 납품하는 방식으로 2001년에 팀스포츠라는 회사를 설립하게 된다.

팀스포츠를 설립하면서 가장 역점에 둔 것은 품질이었다. 소비자와 직접 연결된 선주문－후제작 방식은 제품에 대한 소비자들의

반응이 즉각적일 뿐만 아니라 제품에 오류가 있더라도 수정할 시
간을 주지 않는다. 그 시간 동안 소비자들은 금세 생각이 바뀌어서
구매를 안 하기 때문이다. 그런 소비자들한테 품질에 있어서 인정
을 받는다는 게 중요했다.

'품질이 나의 자존심이다'라는 말을 몇 번이고 곱씹고 마음에 새
기지 않고서는 승부를 낼 수가 없는 사업이었다. '품질은 나의 자
존심이다.'라는 말은 자연스럽게 회사의 모토로 자리 잡을 수밖에
없었고, 품질과 기술력을 토대로 자유자재로 디자인할 수 있는 시
스템을 갖추는 것이 경영 목표가 됐다. 그렇다고 소비자들이 까다
롭기만 한 것은 아니다. 그 제품 써 봤더니 좋더라는 입소문은 팀
스포츠의 중요한 마케팅 수단이기도 하다.

팀스포츠의 모
든 제품에는 'feel
your freedom'이
라는 슬로건이 꼭
따라붙는다. 스포
츠 의류로서 기능
성이 담보되지 않
으면 아무런 의미
가 없기 때문이다.

현재 팀스포츠는 주요 생산기지인 개성공단의 사원 수까지 합하
면 45명의 직원을 두고 있다. 매출액은 2007년 기준으로 약 10억
원 정도로 기업규모가 큰 것은 아니지만, 매년 30% 이상의 높은
성장률을 보이면서 미래를 향해 나아가고 있다. 장기적으로는 주문

생산형 브랜드로 특화된 일본의 미즈노(Mizuno Corporation)사를 본보기로 삼고 있으며, 이를 넘어서기 위해서 큰 보폭으로 한 걸음씩 나아가고 있다.

▶ 2. 품질로 얻은 자신감, 해외 시장으로

품질에 대해서만큼은 최고라는 자존심은 소재에서부터 출발한다. 팀스포츠에서 사용하고 있는 쿨맥스(Coolmax)라는 소재는 '천연 소재'인 면보다 흡수발산력이 높은 폴리에스터를 원료로 하여 만들어진 흡습속건성 소재이다.

원사를 뽑아 낼 때 4개의 움푹한 홈(채널)을 만들어 일반적인 실에 비해서 넓은 표면적을 갖도록 한 것이다. 4채널 구조는 모세관 현상이 일어나게 하여 신속하게 수분을 흡수하고 배출을 유도한다.

이런 원리로 항상 건조하고 쾌적한 신체 상태를 유지하도록 할 뿐만 아니라 통풍성이 뛰어나고 착용감도 좋으며 관리도 쉽다. 스포츠웨어, 레저웨어 분야에선 쿨맥스만 한 소재가 없었다.

사업을 시작하던 처음 단계부터 쿨맥스라는 섬유소재에 관심을 가진 건 아니었다. 제종오 대표는 명색이 의류 사업자인데 실은 어떻게 짜는지 염색은 어떻게 하는지 봉제는 또 어떻게 하는지 등을 몰라서 되겠냐는 생각에 의류가 생산되는 모든 단계에 대해서 공부를 하기 시작했다.

왕십리, 면목동 등의 봉제 공장들을 직접 돌아다녔고, 몇몇 업체와는 거래까지 하게 됐다. 그 과정에서 방문한 섬유박람회에서 쿨맥스 원단을 발견한 것이다.

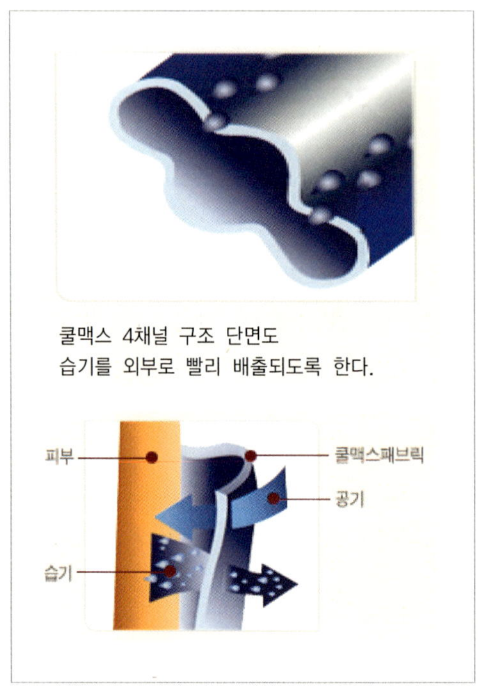

쿨맥스 4채널 구조 단면도
습기를 외부로 빨리 배출되도록 한다.

제종오 대표는 쿨맥스를 봤을 때 바로 이거다 싶어서 바로 다음 날 쿨맥스 원단 공장을 찾는다. 그리고 생산라인을 구축하게 됐고, 인터넷을 활용한 홍보를 시작했다. 원단의 품질에 대한 자존심은 제품에 대한 자신감으로 발전하여 성공에 대한 확신까지 가질 수 있었다.

이를 계기로 여러 대학교뿐만이 아니라 동서식품, 삼성과 같은 대기업, 중앙선관위 같은 관공서에까지 납품하게 된다. 또한 마라톤 동호회나 클럽에 납품하던 수준에서도 벗어나서 국내 유수의 마라톤대회까지 시장 범위를 넓히게 된다. 초창기 서울마라톤과 인천마라톤 대회에 납품할 때는 제품에 약간의 이상이 발견됐다.

결국 전량을 다시 제작하는 수고를 하기로 택한다. 마라톤복을 입고 뛸 선수들의 '그냥 그렇네.'라는 반응을 감내할 수 없었기 때문이다. 또한 몇천 명씩 참가하는 마라톤대회에서의 입소문은 TV 광고 못지않은 마케팅효과를 가지고 있음을 잘 알고 있었기에 망

설임 없이 재제작을 선택했다.

그리고 의류 포장지에 회사에 대한 간략한 소개와 함께 회사 대표의 직통전화번호를 새겨 넣었다. 소비자의 신뢰를 얻기 위한 작은 아이디어였지만, 그 반응은 의외로 컸다. 팀스포츠의 이러한 수고와 노력 끝에 맺은 열매는 달았다. 현재 우리나라 마라톤복 시장의 30% 정도를 팀스포츠가 점유하고 있다.

여기서 만족해서 안주할 팀스포츠는 아니지만, 현재 마라톤복의 내수시장은 포화상태가 됐다고 판단하고 있다. 국내에는 이미 상당수의 스포츠웨어 업체가 있었고, 또한 글로벌 마케팅으로 무장한 대기업과의 경쟁에서 우위를 점하기가 힘든 게 사실이다.

게다가 한참 붐이라고 일컬어질 정도로 활성화됐던 마라톤은 경제의 불확실성으로 침체되어 가고 있다. 마라톤산업이 포화 상태로 매출의 증가세가 둔화되는 마당에 국가경제의 침체는 엎친 데 덮친 격인 셈이다.

이러한 이유로 급격한 성장세를 달려오던 팀스포츠의 매출 증가세가 둔화되기 시작했다. 위기가 찾아온 것이다. 이때 팀스포츠는 과감한 선택을 한다. 사이클 등 유사 생활스포츠로 사업영역을 확장한 것이다.

경기 불황에 무슨 뚱딴지같은 짓이냐고 하겠지만, 이는 세계 시장을 겨냥한 전략적 선택이었다. 중소기업으로서 이미 한계점에 도달한 국내 시장에서 비전 없이 현상유지에만 매달리다 보면, 그 자체로서 한계라는 벽에 부딪혀서 뒷걸음질 칠 수밖에 없다고 판단한 것이다. 벽이 있으면 뛰어넘어야 했다.

이러한 경영전략하에, 해외 시장의 바이어들을 이메일 등을 통한 간접적 접근이나 홍보보다는 직접 찾아가서 대면하는 적극적인 자세로 만났다. 이것은 세계 시장에서 더 많은 기회를 잡게 했다. 또한 앞으로 해외 전시회와 스포츠박람회 등에 적극적으로 참가할 예정이다.

현재 진행하고 있는 스위스, 일본, 캐나다, 미국 수출에 이어 미국, 독일에는 지사 설립까지 계획하고 있다. 또한 유럽시장을 전략적으로 공략하기 위해서 '사이클 유럽횡단'이라는 이벤트도 준비 중이다.

국내에서는 마라톤 이외의 생활 스포츠 전반으로 사업 분야를 확장하고, 해외 시장에서는 높은 품질 경쟁력을 가지고 시장을 공략하고자 하는 것이 팀스포츠의 전략이다. 품질 면에서 쿨맥스 소재를 필두로 어느 정도 인정을 받고 있는 팀스포츠였지만, 해외 시장을 위해서는 또 다른 무기가 필요했다. 그것은 바로 디자인이었다.

3. 문제는 디자인이다

팀스포츠에서는 그간 패턴과 소재 선택 및 디자인까지 모두 경영자가 아이디어를 내고 결정해 왔는데, 디자인 업무는 독창성 및 전문성 측면에서 다소간의 한계를 가지고 있었다.

소비자들은 기능과 품질에만 만족하는 게 아니라 디자인도 만족하길 원했다. 내수시장의 확대를 위해서도, 또 수출업무를 주력으로 추진하는 데에 있어서도 보다 세련되고, 감각적이고, 독창적인 디자인과 감각이 필요했디.

그렇다고 중소기업으로서 디자인 분야에 대해서 과감한 투자를 한다는 것도 무리였다. 투자를 한다고 해도 노련하고, 탁월한 디자인 전문 인력을 확보하는 것 또한 쉽지 않은 문제였다.

그러던 중 팀스포츠는 서울산업통상진흥원으로부터 유망패션 중소기업으로 선정된다. 물론 금전적인 지원도 중요했지만, 더 가치가 있던 것은 서울산업통상진흥원으로부터 디자인 업체를 소개받은 것이었다. 이것은 그동안 문제점으로 지적돼 왔던 디자인 분야에서 진일보하게 되는 계기가 된다. 고급 디자인 전문 인력을 확보함과 동시에 디자인 업체로부터 관련된 업무의 노하우를 전수받음으로써 팀스포츠 자체적으로도 디자인에 관련된 전문성까지 확보할 수 있었다.

팀스포츠는 디자인 업무를 아웃소싱함으로써 내수시장의 확대와 해외 시장의 개척을 동시에 착착 진행할 수 있었던 것이다.

팀스포츠에서 제작하는 스포츠 의류에 디자인을 제공하는 업체는 '가람디자인'이다. '가람디자인'은 디자인 전 과정에 걸쳐 Total Consulting을 제공하는 산업디자인 전문회사로 팀스포츠의 디자인 전략을 통한 경쟁력을 보완하기 위한 디자인 개발 및 컨설팅을 수행하였다.

팀스포츠는 아웃소싱을 통해서 비용 절감 효과도 크게 보게 되었다. 물론 회사 내에 디자인 전담부서를 둔다는 전제하에 계산된 것이다. 사내에 디자인을 담당하는 사원을 두는 것은 고정비용으로 처리되지만, 아웃소싱은 프로젝트별로 비용을 정산하기 때문에 그 비용이 훨씬 적었다.

만약 회사 내에서 해결해야 했다면 최소한 3명 이상의 인력이 필요했을 것이며, 비용 역시 현재보다 150% 이상 늘어나야 지금의 성과를 달성할 수 있었을 것이다. 즉 저비용으로 고효율을 창출한 아웃소싱의 성과가 여지없이 나타난 것이다. 또한 아웃소싱 업체의 전문성 활용으로 기술 수준이 향상됨은 물론이고, 시간 또한 절반가량 단축된 것으로 평가하고 있다.

팀스포츠에서는 아웃소싱을 기획하고 추진하는 부서를 따로 두고 있지는 않다. 실장급인 아웃소싱 담당자 1명이 아웃소싱 업체를 관리하고 있다. 이는 생산직을 제외한 관리직 사원 수가 많지 않기 때문인데, 이 직원이 아웃소싱 관련 업무를 전담하고 있다.

  팀스포츠는 아웃소싱 공급업체와 기본적으로 6개월 단위로 계약을 하고 있다. 아웃소싱 비용은 한 프로젝트의 예산에 따라 쌍방의 협의하에 이루어진다. 그에 따라 비용은 매번 틀리지만, 팀스포츠의 전체 매출에서 아웃소싱이 차지하는 비중은 50~60% 정도를 차지할 만큼 크다. 그동안 품질 향상에만 전력을 쏟아 왔다면, 이제는 디자인에 중점을 두고 있기 때문에 디자인에 대한 투자가 과감해진 것이다.

  팀스포츠에서 아웃소싱 공급업체를 결정하는 최우선순위는 전문성이다. 디자인에 관한 전문성은 기본적으로 갖추어져야 할 아웃소싱 업체의 능력이다. 여기에 스포츠웨어에 대한 이해도 갖추고 있어야 한다. 아무리 디자인이 좋다고 해도 스포츠웨어의 기능성을 해쳐서는 안 되기

때문이다. 팀스포츠에서 원하는 디자인은 기능성을 돋보이게 하는 것이다. 이것은 팀스포츠와 아웃소싱 업체 간의 원만한 소통으로 해결될 문제인데, 그렇기 때문에 양 회사 간의 업무실행을 차질 없이 수행할 수 있는 능력도 선택의 기준이 되고 있다. 또한 회사의 재정상태도 만약의 경우를 대비해 중요한 우선순위로 두고 있다.

팀스포츠만의 아웃소싱 노하우는 일단 인연을 맺은 업체와는 꾸준하게 거래를 하고 업무를 진행해 왔다는 것이다. 어찌 보면, 이것은 의류업체들의 관행이라고도 할 수 있다.

대개의 의류업체들은 의류 생산 절차에 관여하고 있는 아웃소싱 업체들을 경영자가 스스로 찾아 나서 인연을 맺고 계약하고 있다. 또한 한번 맺은 신뢰는 오래 유지되는 경우가 많다. 특별한 이유가 있지 않는 이상 계약을 파기하거나 재계약을 하지 않는 경우는 드문 편이다.

현재 팀스포츠와 아웃소싱 관계를 맺고 있는 업체는 'The Value Chain'이라는 디자인 업체이다. 'The Value Chain'과는 서로가 원하는 방향과 콘셉트, 업무에 대한 이해와 신뢰가 꽤 높다.

업무에 대한 협의가 제대로 이루어지고 있어서 절차상이나 비용적인 부분에서의 문제점 발생 또한 적은 편이다. 간혹 문제점이 발생한다고 해도 그간의 커뮤니케이션으로 쌓아진 신뢰 덕분에 쌍방의 협의가 잘 이루어지고 있다.

팀스포츠는 아웃소싱에 대한 충분한 이해와 경험으로 성실하게 공급업체를 관리하면 성공적인 결과를 가져올 수 있다는 확신을 갖고 있다. 이를 또한 경영전략에 적극적으로 활용하고 있는데, 2007년에 개성공단에 진출했을 때였다. 처음에 30여 명의 북한 직원들은 의류 생산에 대한 지식과 경험이 전혀 없었다.

그러나 한국의 경험자 3명에게 배우고 노력한 결과 15일 만에 의류 1,000장을 만들어 내는 성과를 얻을 수 있었다. 그만큼 아웃소싱은 그 주체가 어떤 마음가짐을 가지고 있느냐에 따라 결과가 크게 달라진다.

4. 아웃소싱, 또 다른 전략

팀스포츠는 아웃소싱에 대한 내·외부 평가 모두 좋다고 보고 있다. 아웃소싱 업체를 통해서 우수한 디자인의 스포츠웨어를 생산할 수 있었고, 소비자 및 바이어들의 만족도 또한 높일 수 있었기 때문이다. 이것은 회사의 인지도에서 확인할 수 있었다. 단순히 의류를 주문받아서 제작하는 중소업체가 아니라 이제는 사람들이 찾는 전문 스포츠웨어 팀스포츠라는 브랜드를 가지고 있는 업체가 된 것이다.

이런 효과는 고스란히 매출 증대로 이어졌다. 처음에 품질로만 승부를 걸었을 때도 물론 어느 정도의 성장을 담보할 수 있었겠지만, 성장의 한계는 뚜렷했다. 아마도 사업 전략으로서 아웃소싱을 통한 디자인 강화를 하지 않았다면, 아직도 그 한계점을 넘어서지 못하고 있었을 것이다.

어쩌면 업계의 불황과 한정된 시장 안에서의 업체들 간의 제 살 깎아 먹기 식 경쟁으로 힘든 상황을 맞았을지도 모를 일이다. 팀스포츠는 아웃소싱을 통해서 오히려 매출 증대를 통한 성장을 해낸 것이다. 이건 바로 디자인의 힘이었다. 스포츠웨어 역시 의류였기 때문에 시각적인 디자인이라는 요소가 중요했다.

5. 아웃소싱을 통해서 세계를 무대로

팀스포츠는 아웃소싱 활성화를 위해서 아웃소싱 업체들이 지역별로 체계적으로 통합돼야 한다고 강조하고 있다. 이렇게 통합된 아웃소싱 공급업체에 대한 정보가 인프라로 구축되어 있다면, 그 정보를 바탕으로 알맞은 공급업체를 시행착오 없이 고를 수 있기 때문이다. 실제로 실망스런 공급업체들도 있었는데, 이런 업체와의 거래는 비용과 시간을 낭비하는 일이다.

팀스포츠는 궁극적으로 해외 시장 진출을 계획하고 있다. 때문에 해외 시장을 공략할 수 있는 글로벌 인터넷 쇼핑몰을 계획하고 있다. 이 또한 합리적인 아웃소싱을 통해서 해결할 것이다. 또한 앞으로의 아웃소싱 규모는 현재 비용의 약 200% 이상으로 증대할 계획을 갖고 있다.

향후 팀스포츠는 좋은 원단을 바탕으로 품질 및 디자인 개발에 더욱 힘써 국내 시장은 물론 해외 시장에서도 우위를 점할 수 있도록 노력할 것이다. 물론 이러한 노력에 아웃소싱도 든든한 지원군으로 뒤따를 것이다.

[아웃소싱 성과]

사업다각화를 모색하는 수요업체가 사업의 타당성평가와 전략 수립에 어려움을 겪고 있을 때, 신규 사업에 대한 아이템 분석, 산업 현황, 사업 전환 시 성공가능성을 파악하여 전략을 수립하고, 디자인 현황과 소비자조사/분석을 통해 디자인을 체계적으로 관리할 수 있는 역량을 확보할 수 있었다는 점에서 성공한 사업으로 보인다.

[아웃소싱 활성화를 위한 기업적 / 정책적 기대사항]

현대 사회에서 제품을 판매하기 위해 가장 중요한 디자인을 중심으로 신규 사업을 모색하는 것은 시장에서 성공할 가능성을 확보하는 방안이다. 따라서 재무, 재정, 생산 위주의 컨설팅과 더불어 디자인 컨설팅에 관한 정책지원책을 마련하여 중소기업의 성공을 위한 발판을 마련해야 할 것으로 판단하고 있다.

[회사 소개]

디자인마케팅, 상품기획, 디자인 개발 전략 수립 및 신제품 디자인 개발, 기구 설계 및 양산관리에 이르는 디자인 개발 관련 전 과정에 걸쳐 Total Consulting을 제공하는 산업 디자인 전문회사로서 각 분야에 탁월한 능력과 경험을 갖춘 젊은 디자이너들이 모여 IT에서 Sport Leisure, 의료기기, 식품에 이르기까지 다양한 장르에 걸쳐 약 500여 프로젝트를 성공리에 개발한 기업이다.

지식서비스
아웃소싱

단순한 아웃소싱 관계가 아니라 상생관계로 3.

:: 대양디앤티와 유아이디에스엔

1. 사훈 없는 회사

2. 위기는 기회이다

3. 디자인도 경쟁력이다

4. 아웃소싱을 통한 성장

구분	발주사	공급업체
업체명	대양디앤티 Dae Yang D&T	유아이에스엔 uiD User Interface Design
주요업종	제조업	산업디자인
대표명	차준보	서남철
주소	서울시 구로구 구로동 197–47 대양디앤티 빌딩	서울시 구로구 구로3동 197–47 대양빌딩 3층 301호
홈페이지	www.daeyangdnt.co.kr	www.uidsn.co.kr
요약	대양디앤티의 디지털 도어록 디자인을 유아이에스엔에서 담당하였다.	

▓ 1. 사훈 없는 회사

'부도난 회사를 인수한 후 처음 도착했을 때, 썩은 책상 말고는 아무것도 없었다.'

현재의 대양D&T를 이끌고 온 차준보 대표는 첫날을 이렇게 회상하고 있다. 하지만 그것은 절망이 아니었다. 오히려 아무것도 없었기 때문에 새로운 일을 시작하는 데에 두려움이 없었다. 이보다 더 나빠질 수는 없다는 일념으로, 앞으로의 도전이 더욱 흥미진진할 거라는 기대감으로 달려온 지 벌써 10여 년이 흘렀다. 열정과 노력으로 달려온 대양D&T는 마침내 2007년에 구로디지털단지 내에 신사옥을 건립하는 열매를 맺게 되었다. 대양D&T는 제2의 창업과 함께 힘찬 도약을 하고 있는 것이다.

처음 대양D&T는 도어록 제조로 사업을 시작했다. 대양D&T는 빠르게 변하는 시장의 트렌드를 읽고 반영하면서 생산해 낼 수 있는 제품들을 하나둘씩 늘려 갔다. 현재는 디지털도어록, 홈네트워크 시스템, 주방 TV폰, 비데, 음식물처리기, 빨래건조대, 냉·온정수기에 이르기까지 사업품목을 다양화하여 명실상부한 홈네트워크 전문기업으로서의 면모를 갖추게 되었다.

홈네트워크 시장은 최근 들어서 주거문화의 고급화와 디지털화로 급속하게 성장한 시장이다. 각 제품별로 경쟁하는 업체들도 적게는 네 군데에서 많게는 10여 개까지 있을 정도로 시장 경쟁이 치열하다.

이러한 경쟁 속에서도 대양D&T가 경쟁력을 잃지 않고, 오히려

앞서 나갈 수 있었던 이유는 대기업의 요구에 맞춤형으로 거래를 했기 때문이다. 삼성, 대우, 롯데 등 대기업과 거래를 하면서 고객사별로 고유 모델을 생산했던 것이다. 3년 정도의 계약 기간으로 고객사의 요구를 적극 반영해서 각각의 고유 모델을 생산해서 납품하는데, 이 기간 동안 대양D&T는 안정적인 매출을 올릴 수 있었다. 이와 같은 형태의 거래가 이루어질 수 있는 것은 고객사들이 대양D&T의 기술력을 높이 평가하고 있기 때문이다.

실제로 경쟁사 가운데에서 대양D&T처럼 고객사의 고유 모델을 갖고 있을 만한 업체가 없기 때문이기도 하다. 이러한 이유로 대양D&T가 다른 업체에 비해 몇 발을 앞서 나간다고 볼 수 있다. 즉 개별 품목으로는 경쟁사가 있지만, 홈네트워크 시스템 전체를 아우를 수 있는 기업은 대양D&T가 유일하다고 할 수 있다.

대양D&T는 현재 아파트 건설사와 주로 거래를 하고 있다. 제품을 모델하우스에 납품하는 것으로 출발한 대양D&T의 시작은 미약했을지 모른다. 그러나 현재는 국내 유명 아파트는 물론이거니와

2001년 중국을 시작으로 베트남, 브라질, 남미 등에까지 수출하고 있다. 세계 곳곳에서 대양D&T의 제품을 눈으로 확인할 수 있는 것이다.

대양D&T는 특이하게 사훈이 없다. 대개는 사업을 시작할 때 목표라는 것을 세우고, 그 목표를 달성하기 위한, 여러 형태의 지침이 있기 마련이다. 사업을 시작하는 마당에 거창한 사훈을 내세우고, 떠들썩하게 출발한다고 해서 나쁠 것은 없다. 하지만 대양D&T는 거창하게 사훈을 내걸지 않았다. 이는 차준보 대표의 고집에서 기인한다. 차준보 대표는 매출이 1,000억 원이 되기 전에는 절대 사훈을 만들지 않을 생각이라고 한다. 목표를 꼭 이루겠다는 그의 결연한 의지를 확인할 수 있는 대목이다.

무역을 전공한 차준보 대표의 파격적인 성향은 현재의 대양D&T만의 고유한 기업 문화를 만들어 낸다. 대표로서 당연히 홈네트워크 시스템에 대한 조예가 상당하지만, 제품의 생산에 관해서는 실무진들에게 아예 맡겨 놓고 있다. 대신 실무진들이 책임감을 가지고 일할 수 있는 여건을 조성하는 데에 주력하고 있다. 대표는 영업 쪽에 집중함으로써 '좋은 제품을 만들어 내라, 그럼 내가 팔 것이다.'라고 독려하고 있는 것이다. 이것은 각자의 위치에서 집중하고 최선을 다하는 대표와 직원들 간에 강한 신뢰를 형성하게 되었고, 대양D&T만의 고유한 문화라고 할 수 있다.

⁑ 2. 위기는 기회이다

대양D&T뿐만이 아니라 대부분의 중소기업들이 겪고 있는 어려움은 현재의 제품 수주 방식에서 한 원인을 찾을 수 있다. 주로 입찰 방식을 통해서 수주 업체를 선정하는데, 이것은 낮은 가격에 가장 높은 점수를 주는 방법이기 때문에 중소기업이 살아남기에는 힘든 구조를 갖고 있다.

수주를 받기 위해서 싼 가격을 제시할 수밖에 없고, 이렇게 공급 업체로 선정되면 싼 제품을 만들 수밖에 없다. 싼 제품을 만들어서 공급했으므로 당연히 이익의 실현이 크지 않을 것이고, 그 적은 이익으로는 신제품 개발이나 디자인 등의 분야에 투자를 할 수 없다. 결국 주먹구구식으로 현 상태 유지에만 매달릴 수밖에 없다. 그래서 싼 가격으로 또 입찰에 응한다. 악순환의 연속인 것이다.

이 상황에서 대양D&T는 대기업과의 경쟁을 선택한다.

대양D&T는 일단 품질에서만큼은 자신이 있었다. 이러한 자신감은 그만큼 신제품과 기술개발에 투자를 많이 하고 있기 때문에 가능한 것이었다. 전체 종업원 108명 가운데 17명이 연구개발 인력이었다. 대양D&T에서는 도어록 분야에서 새로운 기술들을 여럿 선보였는데, 카메라가 달린 도어록과 pull-push 방식의 도어록(일반적 도어록인 돌리는 것으로부터 탈피한 밀고 당기는 유형) 등이 대표적이다. 이렇게 신기술들이 접목된 도어록들은 국내 유수의 아파트에 설치되어 있다.

대양D&T는, 이러한 기술력을 바탕으로 대기업과 경쟁이 오히려 유리할 수도 있다는 판단을 한다. 제품가격을 수주받기 위해서 입찰에 응할 때보다 높게 책정해도 대기업에 비하면 여전히 저렴한 가격이었다. 물론 대기업 제품 같은 경우는 인지도에서 훨씬 앞서 있다. 하지만 대양D&T는 가격 경쟁력에서 우위를 점하고 있었다.

현재 빌트인 타입의 냉온정수기 제품 같은 경우, 국내 굴지의 S전자와 경쟁 상황에 있다. 중소기업으로서 대기업이라는 경쟁 상대는 큰 부담으로 다가서지만, 대양D&T는 가격 경쟁력에서의 우위와 우수한 품질을 바탕으로 경쟁에 밀리지 않고 선전하고 있다. 이와 같은 대기업과의 경쟁을 통해서 제품의 경쟁력 강화는 물론이거니와 매출 증대 효과까지 톡톡히 보고 있다.

현재 대양D&T는 도어록 분야에서 시장 점유율 65% 정도를 기록하고 있다. 대기업 건설 수주가 대부분이지만, 유통 분야에도 참여해서 그 규모를 조금씩 늘려 갈 계획에 있다. 이것은 판매방법을 다양하게 만들어 놓음으로써 유사시에 회사가 대처할 수 있는 폭을 넓히기 위함이다.

도어록 분야는 전체 매출의 약 50%를 차지하고 있는데, 앞으로 줄어들 전망이다. 국내의 도어록 시장은 이미 포화상태이기 때문에 성장에 한계가 있다고 보고 있다.

대양D&T는 발 빠르게 해외 시장으로 눈을 돌려서 공략하고 있다. 주로 건설경기가 활발하고, 홈네트워크 시스템이 이제 막 정착하기 시작하는 국가들을 목표로 삼았다. 주요 수출국으로 중국, 대만, 베트남 등을 들 수 있다.

대양D&T의 수출과 내수의 비중으로 보면 수출은 10% 정도를 차지하고 있다. 그러나 수주만을 놓고 따진다면 국내 수주와 해외 수주가 이제는 거의 같은 비중을 차지하고 있다. 브라질 지역에서는 관세 등의 문제를 해결하기 위해서 현지 조립공장을 추진 중이다. 한국에서 모든 자재를 보내면 현지에서 조립해서 완성품을 판매하는 방식이다.

베트남 호치민과 중국 안산시에도 이와 같은 생산라인을 준비 중에 있다. 베트남은 다른 국가에 비해 홈네트워크 시스템이 일찍 진출한 경우이다. 베트남으로는 이미 6~7개의 품목이 진출해 있고, 호치민의 고급아파트 480세대에 대양D&T의 시스템이 들어갈 정도로 홈네트워크 시스템에 관심이 많다. 최근 베트남기업의 요구로 주차관제 시스템을 설치해서 좋은 반응을 얻고 있다. 그리고 이웃국가인 캄보디아도 베트남과 비슷한 시스템을 설치할 예정이다.

해외 영업은 국내의 시장 상황과 달라서 종종 대기업과 경쟁을 하는 경우도 있다. 중국 대련에서의 2만 세대 수주가 그 예인데, 대양D&T의 영업력과 제품의 기술력으로 국내 유수의 대기업들과 경쟁해서 당당하게 수주를 받아 냈다. 해외 시장에서의 잇단 쾌거는 대양

D&T에게 큰 자신감을 불어넣어 줬고, 현재 남미 시장을 집중적으로 공략할 수 있는 밑거름이 되고 있다.

대양D&T는 앞으로도 해외 시장 쪽으로 더 집중할 계획이다.

⁂ 3. 디자인도 경쟁력이다

대양D&T가 처음 제품 생산할 때에는 디자인에 큰 관심을 두지 않았다. 물론 어느 정도의 디자인을 갖추는 것이 필요하긴 하지만, 디자인에 쏟을 비용으로 제품의 품질 향상에 쓰는 게 더 낫다는 생각을 했었다. 여기서 문제가 생겼다. 고객사에서 대양D&T에게 신규 디자인을 지속적으로 요구한 것이다.

대양D&T는 기술력과 제품의 품질에서만큼은 자신이 있었지만, 고부가가치를 창출해 줄 수 있는 디자인을 자체적으로 해결하기에는 어려움이 있었다. 처음 시작할 때 기업 자체가 소규모이다 보니 디자인 부서를 둘 엄두가 나지 않은 것이다. 이에 대양D&T는 디자인 분야를 아웃소싱해서 해결했다.

대양D&T의 디자인 부분에 대해서 아웃소싱을 공급하고 있는 업체는 '유아이디자인'이라는 디자인업체이다. '유아이디자인'은 1998년 설립한 공인산업디자인 전문 업체로서 대양D&T의 제품 카탈로그부터 제품 디자인까지 디자인과 관련된 모든 분야를 책임지고 있다.

대양D&T와 '유아이디자인'은 다른 업체들과는 달리 파격적인 방식으로 계약관계를 맺고 있다. 그것은 바로 아웃소싱 공급업체인

'유아이디자인'이 대양D&T 건물 내에 위치하고 있다는 것이다. 대양D&T가 사업장자리를 '유아이디자인'에게 무상으로 임대해 준 것은 일이 있을 때마다 왔다 갔다 하는 번거로움을 피하기 위한 단순한 생각이었지만, 디자인 공급업체가 대양D&T 사내에 있다 보니 업무의 효율성이 높아지는 건 당연한 일이었다.

아웃소싱의 비용은 연간 단위로 계약을 해서 매월 지급하고 있다. 이 방식은 디자인업체한테는 안정적인 수입을 보장해 주고 있고, 대양D&T는 회사를 잘 이해하고 있는 업체와 꾸준한 작업을 할 수 있다는 장점이 있다.

사내에 있는 공급업체가 디자인과 관련된 모든 사항을 도맡아 하고 있기 때문에 대양D&T에는 디자인 부서의 필요성을 못 느끼고 있다. 사내에 있는 디자인 부서 못지않은 역할을 충분히 하고 있는 셈이다. 때문에 같은 층에 있는 기술연구소와의 의사소통이 수시로 가능하다. 또한 작업함에 있어서 서로의 사정에 대해서 누구보다 밝기 때문에 불필요한 오해로 인한 업무의 지장도 막을 수 있다.

'유아이디자인'과는 설립 초기부터 함께한 것은 아니었다. 설립 초기에는 대양D&T의 규모가 워낙에 작았기 때문에 디자인에 대해서 큰 관심을 두지 못했다. 그로 인해서 여러 디자인 업체들을 번갈아 가면서 작업을 진행해 나갔는데, 그때 '유아이디자인'에서 디자인한 제품이 시장을 석권하게 되었다. 이후, 현재까지 7년 세월을 동반자로서 함께하고 있다.

대양D&T의 99년도 매출액은 4억 정도에 불과했다. 9년이 지난 2008년 매출예상액은 270억 정도이다. 무려 70배에 달하는 수준으로 성장한 것이다. 국내외를 불문하고 디자인이 없었다면, 현재의 매출도 없었다고 생각하고 있다. 특히 대양D&T의 디자인은 해외 시장에서 더 인정을 받고 있다.

디자인 시안을 결정할 때는 모든 경영진들이 참여한다. 물론 차준보 대표에게도 공정하게 한 표만이 주어진다. 회사 대표의 선택이 있긴 하되, 그게 절대적인 건 아니다. 디자인의 결정에 대해서 신중한 것은 그만큼 디자인이 중요하다는 것을 몸소 겪어 봤기 때문이다.

대양D&T의 성공은 디자인을 내세우는 시장 흐름을 그대로 반영한 디자인의 제품이 있었기에 가능한

일이었다. 그렇다고 디자인만을 강조하다 보면, 가격 경쟁력과 생산성이 오히려 떨어질 수도 있다. 예를 들어서 도금과 아크릴 등을 쓰면 디자인 측면에서는 상당히 긍정적이지만, 가격 경쟁력에서는 많이 떨어질 수밖에 없다. 또한 아무리 좋은 디자인 작업이라도 그 과정이 번거로울 경우에는 생산성이 떨어질 수도 있다. 이처럼 디자인은 가격 경쟁력, 생산성과는 상충관계에 있기 때문에 무작정 디자인에 매달릴 수는 없다. 적은 비용으로 얼마나 우수한 디자인을 창조해 내느냐가 바로 기술력일 것이다.

대양D&T 자체적으로는 이런 기술력을 확보하는 게 어려웠을 것이다. 지금 디자인을 공급하고 있는 '유아이디자인'의 기술력은 우

수하기 때문에 아직까지 큰 문제점은 없다.

대양D&T의 연간 매출 가운데에서 아웃소싱 비용이 차지하는 부분은 약 1% 정도이다. 작업이 없는 달이라고 하더라도 일정 금액의 비용이 매달 지출되는 방식이지만, 작업이 많은 달도 있기 때문에 큰 손해라고 생각하지 않고 있다. 또 프로젝트가 세워질 때마다 계약하고 지출하는 방식도 무리라고 생각하고 있다. 대양D&T에서는 홈네트워크 시스템이라는 테두리로 다양한 제품들을 생산하고 있기 때문이다. 지금 방식의 비용이 작업량에 비해 높게 책정됐다 하더라도, 기술개발과 같은 일종의 투자라는 개념으로 접근했기 때문에 아깝다는 생각은 전혀 하지 않았다.

대양D&T는 디자인 외의 분야에서도 아웃소싱을 진행하고 있다.

대양D&T에서 생산되는 제품의 품목이 워낙 다양해서 자체 인력만으로는 소화해 내기 어려울 때도 있다. 그렇다고 무작정 인원을 늘릴 수도 없다. 시장의 변동성으로 인해서 상황이 어떻게 변할지는 아무도 예상할 수 없기 때문이다. 이럴 경우, 새로이 인력을 충원하는 것보다 아웃소싱을 통해 해결하고 있다. 제품 생산에 있어서 급박할 때, 전문 인력을 찾아서 충원하는 방법보다 아웃소싱을 통한 방법이 유용하게 쓰이기도 한다.

제품 생산 과정을 보면, 크게 기구 설계, 디자인 설계, 프로그램 설계, 금형 설계, 양산 등의 과정으로 나눌 수 있다. 기구 설계나 금형 설계의 경우는 완료될 시점이 확실하다. 따라서 아웃소싱을 하는 데에 큰 어려움은 없다. 기구 설계의 경우는 사내에 부서가 있으면서, 일정에 맞춰 융통성 있게 아웃소싱 체제를 운영하고 있다.

그러나 프로그램 설계의 경우는 소프트웨어로, 끊임없는 업그레이드를 요구한다. 그리고 그때마다 시간과 비용이 서로간에 문제가 될 수도 있다. 프로그램 설계 분야에 대해서 아웃소싱을 여러 번 시도해 봤지만, 아직까지 서로 믿고 맡길 수 있는 곳을 만나지 못했다. 그래서 프로그램 부분을 제외하고는 다른 분야에 아웃소싱을 도입할 여지는 충분히 있다.

🏿 4. 아웃소싱을 통한 성장

홈네트워크 시스템의 범위는 점점 확장되고 있다. 홈네트워크 시스템 전문 업체를 표방하는 대양D&T는 새롭게 도전하고 해결해야 할 과제가 많아진 것이다. 최근에는 건설사의 요구사항으로 LED조명 분야에 대한 프로젝트를 진행하고 있다. 대양D&T 안에 이미 개발인원을 갖고 있었기 때문에 건설사의 요구사항에 적절하게 대응할 수가 있었다. 그리고 개발 막바지인 냉·온정수기가 있다. 신규모델을 개발하는 일은 흥미로운 일이기 때문에 앞으로도 아파트에 들어가는 제품은 모두 개발할 계획을 갖고 있다. 대양D&T가 갖고 있는 자체 개발인원과 기술력, 그리고 우수한 디자인으로 충분히 해볼 만하다고 생각하고 있다.

아웃소싱을 활성화시키기 위해서는 업체에 대한 정보를 제공하는 수준에서 벗어나서 실질적으로 도움이 되는 기술에 대한 지원을 정부에서 든든히 해줘야 한다고 생각한다. 중소기업에게는 이것이 가장 절실하다. 더 많은 중소기업이 고급기술을 습득하고, 그 기술력으로 기업만의 고유 경쟁력을 확보함으로써 아웃소싱을 통해 양질의 기술력을 공급할 수도 있을 것이다. 고유의 경쟁력을 갖춘 기업이 독립적으로 성장했을 때에는 아웃소싱에 대해서 긍정적으로 생각하고, 또한 적극적으로 고려할 것이다.

또한 업체 간에는 단순한 아웃소싱이 아닌 분야의 협력관계를 통해 상생관계를 지속할 수 있도록 업체별 분야를 특화시켜야 한다. 이것이 중소기업이 살아남을 수 있는 방법일 것이다.

〔 아웃소싱 성과 〕

대양D&T는 건설업체의 디자인 concept에 맞추어 업체별 독자 Model 개발을 선행하여 다른 도어록 회사와는 차별화된 전략을 내세우고 있다. 초기에는 금형비가 들어가지만 몇 년간은 독자 Model을 입찰 없이 Model House에 설치하였고, 양산에서 판매까지 할 수 있게 되는 시스템으로 대양의 제품을 건설업체는 자사의 제품같이 자연스럽게 설치하게 되는 효과를 이루어 냈다. 이것은 영업과 디자인이 서로를 공조하여 일관성 있게 추진한 결과이면서, 비즈니스에 디자인을 최대한 활용하여 업체별 Design concept에 맞는 맞춤형 디자인의 성공적인 리더십이라고 생각한다.

〔 아웃소싱 활성화를 위한 기업적 / 정책적 기대사항 〕

디자인에 대한 기업들의 투자 관심이 다른 업무보다 상대적으로 적기 때문에 재정적인 지원과 같은 직접지원정책을 적극적으로 수립하고 집행할 필요가 있다. 특히 디자인 역량이 부족한 중소기업들의 경우 기업들의 경쟁력을 강화하기 위해 디자인 업무 아웃소싱은 필수적으로 이루질 필요가 있다. 관련 비용의 직접지원 또는 인센티브 제도의 도입이 적극적으로 이루어져야 할 것이다.

〔 회사 소개 〕

UIDesign은 1998년 6월에 설립한 제품 디자인과 그래픽디자인을 전문으로 하는 디자인전문회사로 '멋진' 디자인을 제공하는 것보다 기업경영의 전략적 수단으로 활용할 수 있도록 디자인 경영기획과 프로세스 및 상품개발 라인업에 대한 디자인 컨설팅으로 기업 경쟁력 향상을 지원한다.
마케팅 전략과 개발팀 전략의 바탕 아래 창의적이고 차별된 디자인을 지원하여, 마켓 지향적이고, 가격, 생산성 등을 고려한 합리적인 디자인 프로세스의 지원 체계화가 되어 있는 디자인전문회사로 거듭나기 위해 노력한다. 2003년부터 한국디자인진흥원에서 주최하는 SUCCESS DESIGN상으 매년 연속적으로 디자인 성공사례를 만들었으며, 3~10년 이상 지속적인 파트너로 협력하고 있는 업체가 다수 있으며, 앞으로도 UIDesign은 기업이윤 창출을 위한 고부가가치의 디자인만을 제공할 것이다.

성공의 파트너

:: 나텔레콤과 세라온

1. 토탈 솔루션(total solution)

2. 위기는 도전의 시작이다

3. 디자인을 구현하기 위한 아웃소싱

4. 파트너로서의 아웃소싱

구분	발주사	공급업체
업체명	나텔레콤 NATELECOM	세라온 CERA ON
주요업종	디자인	제조, 도매
대표명	이 훈	박문성
주소	서울시 강남구 청담동 55-10	서울시 용산구 한강로2가 156-13 은풍빌딩 2층
홈페이지	www.natelecom.co.kr	www.filminside.co.kr
요약	전자사전업체 '누리안' 제품의 판매촉진 일환으로 액정보호필름 및 타투스킨의 마케팅을 기획한 나텔레콤. 액정보호필름 전문회사인 세라온에서는 기획에 사용되는 액정보호필름과 타투스킨을 제조하여 나텔레콤에 납품하였다.	

1. 토탈 솔루션(total solution)

CEO 262명을 대상으로 한 삼성경제연구소의 설문조사 결과, 회사의 미래를 좌우할 요소로 응답자 중의 96.2%가 디자인을 꼽았다. 또 66.8%는 나쁜 디자인으로 인해 손실을 겪어 봤다고 대답했다.

이 결과에 대해 삼성경제연구소는 '디자인이 기업의 실제 경영성과에 직접적인 영향을 미치고 있다.'는 분석결과를 내놓았다. 이처럼 디자인은 더 이상 기업 경쟁력의 'sub'가 아닌 'main'으로 자리매김했으며, 이런 인식의 변화로 디자인에 대한 투자도 과감히게 이루어지고 있다.

디자인 경쟁력을 확보하고, 더 나아가서는 우위에 서기 위한 치열한 경쟁은 IT 산업도 예외가 될 수 없다. IT 산업 전반을 이끌어가고 있는 세계 유수의 기업들은 독자적인 브랜드와 디자인을 내세우면서 차별화하고 있으며, 또 차별화된 품질을 유지하기 위해서 엄청난 인력과 자금을 투자하고 있다. 즉 기업 경쟁력을 좌우하는 '미래가치=디자인'이라는 공식이 성립되고 있는 것이다.

이런 추세에 발맞춰서 제품 디자인 컨설팅&제품 디자인, UI(user interface)&GUI(graphic user interface) 디자인, 공공 디자인 & 인테리어 디자인 분야까지 디자인 전반에 걸쳐 사업을 진행하고 있는 나텔레콤(Natelecom)은 사세 확장에 박차를 가하고 있다.

PMP나 LCD 화면상의 UI에서 내비게이션, 전자사전, 의료기 등의 제품까지, on-off line 분야의 전반적인 IT 제품을 디자인하고 상품화하기 위한 패키지(package)를 토탈 서비스하고 있다. 하나의 제품을 출시할 때 단순히 디자인만 하는 것이 아니라 컨설팅까지 서비스하고 있다.

2001년에 설립된 나텔레콤은 초창기에는 UI 분야 디자인 위주로 출발했다. 설립 멤버들은 삼성전자와 세원텔레콤의 상품을 기획하고 개발하는 역할을 했던 사람들로, 디자인에 대한 수요가 늘어날 것을 예견하고 디자인 업계에 뛰어든 것이다.

특히 하드웨어를 기반으로 하는 IT 제품군의 경우 외관 이미지의 중요성이 한층 높아질 것이라고 판단했다. IT 산업이 발전하면 할수록 업체들 간의 기술력의 차이는 점점 좁혀질 것이고, 결국 아무리 좋은 제품이라도 사용자 친화적인 디자인이 아니면 시장에서 통할 수 없으리라고 본 것이다. 그리고 이 예상은 적중했다.

처음 나텔레콤이 출발할 당시에는 기업들마다 IT 붐이 일고 있었다. 하지만 대기업만이 UI나 IT 제품 디자인에 투자를 했을 뿐이고, 중소기업들은 기술력에만 매달릴 뿐 디자인은 중요하게 여기지 않았다. 그러다 보니 대기업을 중심으로 IT 디자인업체들의 활동이 활발하게 이루어졌다.

초기의 IT 디자인 업체는 대기업의 히트 상품 디자이너들이 독립해 회사를 차린 경우가 많았다. 그리고 약 3년간은 UI보다는 제품 디자인이 주를 이뤄 큰 매출을 창출했다. 때문에 IT 디자인 시장은 국내 굴지의 대기업 위주의 rich market이었고, 고부가가치를 창출하는 사업이었다.

즉 디자인을 의뢰하는 고객의 수는 많지 않았지만, 그 규모는 훨씬 커서 환경은 더 좋았다고 할 수 있다. 대기업의 휴대폰을 예를 들자면, 휴대폰의 수출 모델만 많게는 100여 개까지 되었다.

수출국의 기호와 환경에 따라 다르게 개발되기 때문이다. 이렇게 수출 모델이 많다는 건 그만큼 IT 디자인업체가 해야 될 일이 많다는 걸 의미한다.

나텔레콤 역시 삼성전자, 팬택&큐리텔, LG텔레콤과 모토로라의 휴대폰을 디자인했으며, 산업자원부 산하 디자인진흥회로부터 굿 디자인 인증도 3차례나 받았다.

나텔레콤은 이러한 성장을 뒤로 하고, 또 다른 성장의 동력을 찾았다. 오늘날까지 명맥을 유지해 온 유명 디자인업체들의 성공사례를 연구하고, 거기서 세계 디자인이 나아가고 있는 방향을 확인한 것이다.

특히 유럽의 '이케아(IKEA)'와 같은 업체는 처음엔 디자인 회사였으나, 현재는 가구 업체로 유명해져 있다. '이케아'는 디자인을 위한 디자인이 아니라 디자인을 다른 분야에 총체적으로 접목시켜서 큰 성장을 이루어낸 것이다.

이처럼 선진국들의 디자인업체들은 디자인을 일부로 보지 않고, 디자인의 기획에서 마케팅, 영업까지 전 과정을 반영해서 디자인 작업을 함으로써 큰 시너지 효과를 창출하고 있었다. 나텔레콤 역시 이러한 세계적인 흐름에 맞춰서 미래지향적인 토탈 솔루션(total solution)이라는 개념을 받아들여서 최고의 디자인을 제공하고 있다.

현재 나텔레콤은 Mobile Phone, MP3, PMP, DMB, Navigation, Car AV, settopbox, LCD Display 등 각종 IT 제품에 디자인을 공급하고 있다. 매출이나 디자인 전문 인력 부분에 있어서도 동종업계의 상위 그룹에 속해 있으며, 업계 최고의 디자인 솔루션 업체로 평가받고 있다.

▦ 2. 위기는 도전의 시작이다

나텔레콤이 성장하면서 가장 힘들었던 문제는 디자인업체로서 가지는 계약의 한계였다. 대개의 계약들이 프로젝트별로 이루어지는 단발적인 용역이었던 것이다. 계약이 프로젝트별로 단발로 이루어지다 보니 고정적인 수입 창출이 어려웠다. 한 프로젝트가 끝나면, 인력과 회사 유지를 위해서 다른 용역을 수주 받는 데 급급한 경영을 해야 했다. 또한 동종업체들 간의 과다 경쟁과 제품 이윤 감소로 인한 용역비의 하락으로 어려움을 겪기도 했다. 일례로 1억 원을 받던 작업이 천만 원까지 떨어지기도 했다.

이러한 어려움을 극복하기 위해서 나텔레콤은 세계적인 추세였던 토탈 솔루션이라는 개념을 국내 시장에 도입했다.

즉 고객사한테 통합 서비스를 제공하는 것으로, 1년 동안 고객사의 로드맵을 만들어 주고 고객사의 소속 연구소처럼 컨설팅을 해준 것이다. 이와 같은 질적인 변화는 계약관계에 있어서도 변화를 가져왔다.

프로젝트별로 한 건씩 맺던 계약이 연 단위의 계약으로 바뀌게 된 것이다. 이로써 나텔레콤은 고정수입 창출과 안정적인 공급처를 확보할 수 있었고, 고객사는 양질의 서비스를 지속적으로 제공받음으로써 성장을 도모할 수 있게 되었다.

이는 용역사인 디자인업체와 고객사가 함께 성장하는 win - win 방식이 되었다. 또한 비용에 있어서도 일정 부분은 용역비로, 일부는 개발에 대한 로열티(royalty)로 받고 있다. 나텔레콤은 토탈 솔루션을 기반으로 매년 20억 원 이상의 매출을 올리고 있다.

나텔레콤의 특색 중 하나는 실무 직원들이 디자이너지만 임원급은 엔지니어 출신이라는 점이다. 그래서 디자인을 상품화하는 데에 있어서 IT 제품의 기술적인 특성을 미리 감지하고 반영할 수 있다. 이런 특징은 개발된 디자인이 제품으로 양산될 수 있는 최적의 조건을 만들어 주고 있다.

2006~2007년에 정부에서 지원한 디자인 사업 가운데에 개발된 디자인이 상품화까지 성공한 것은 8%밖에 되지 않는다. 100개 사업 중에 8개의 사업만이 상품화에 성공한 것이다. 그만큼 디자인이 개발돼도 제품으로 양산되는 게 힘들다.

그러나 나텔레콤은 10개의 디자인을 개발하면 8~9개는 양산에 성공한다. 이런 독보적인 개발력의 근간은 엔지니어의 시각이 있기

때문이다. 나텔레콤의 디자인은 단순히 제품의 겉모양을 만드는 것
에 그치지 않는다.

소비자의 편리성을 강조해서 단순화한 UI를 설계하고, 이를 화면
으로 나타내는 GUI를 보기 좋도록 다듬고, 또 기계적으로 구현하
고 있다. 이는 디자인을 미술과 공학 양쪽 측면에서 고려하는 나텔
레콤만의 디자인 철학이 있기 때문이다.

나텔레콤의 또 다른 전략 중에 하나는 '서비스의 질적 차별화'이
다. 고객의 입장에서 양질의 서비스를 제공하고, 제공하는 서비스
의 효과 또한 확실해야 한다. 여기서 더 나아가 고객의 잠재적인
욕구까지 파악해서 기업의 기술력을 향상시키는 계기까지 마련하
고 있다.

최근의 소비자 욕구는 예전과는 판이하게 달라졌다. 최근의 시장
은 수많은 상품이 쏟아지고 경쟁의 심화로 품질과 가격만으로는
소비자에게 다가갈 수 없다. 나텔레콤은 이 점을 주목하고 있다.
기능적인 측면뿐 아니라, 감성적 또는 기호적으로 다양해지는 소비
자의 욕구에 따른 제품 만족도의 변화에 대해서 깊은 관심을 가지
고 연구를 해 나가고 있다.

요즘의 소비자는 상품 그 자체만 구매하는 것이 아니라 상품에
담긴 스토리, 메시지를 같이 사고 싶어 한다. 소비자의 구매 욕구
를 자극하기 위해서는 해박한 지식과 논리적 설득이 아니라 디자
인이라는 감성적 코드를 적절하게 제품과 결합해 소비자의 감성적
인 욕구를 만족시켜야 한다.

나텔레콤은 이를 위해서 기획 단계부터 고객사와 긴밀하게 협의
한다. 설계, 양산업체 등과도 가교 역할을 담당해 개발단계부터 포

장에 이르기까지 디자인 프로세서 전체에 대해 끊임없이 대화하고, 동반자로서 컨설팅하여 초기부터 기획의도에 맞는 제품이 출시할 수 있도록 최선의 노력을 하고 있다. 나텔레콤은 단순하게 시각적인 표현으로서의 디자인이 아닌 네오 콘셉트, 새로운 콘텐츠, 새로운 커뮤니케이션 언어를 만들어 내기 위한 첨병으로서의 역할을 하고 있다.

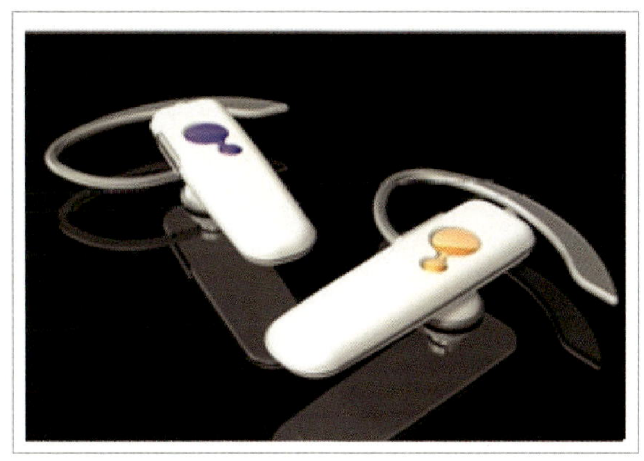

현재 국내 디자인 업체들의 규모는 영세하다. 지식경제부에 등록돼 있는 1,500개사 중에서 연간 매출 2억을 넘기는 회사는 10%에 불과하고, 상시 근로자 수는 3인 이하인 업체가 많다. 나텔레콤은 2008년 사원 23명으로 올해도 20억 원 이상의 매출을 유지하고 있다. 요즘은 공공 시설물이나 환경 디자인이 제도적으로나 개념적으로 활성화되면서 IT 디자인 역시 새로운 시장으로 떠오르고 있다.

나텔레콤은 2009년 자사 브랜드 제품을 내놓을 계획이다. 제조업체가 디자인을 외주로 주는 것과 달리 디자인 업체가 생산과 판매를 외주로 맡기는 것이 '디자이너 브랜드' 방식이다. 1세대 디자인이 단순한 하청에 그쳤다면, 2세대 디자인은 외관뿐만 아니라 사용자의 편의성까지 고려한 종합적인 감성을 디자인하는 것이다.

올해부터 종합디자인 회사를 선언한 나텔레콤은 해외 유명 디자인 업체인 스웨덴의 '이케아', 덴마크의 '뱅앤올룹슨'처럼 디자인이 중심이 돼 생산과 판매까지 아우르는 3세대의 디자인 선도 기업을 꿈꾸고 있다.

⁑ 3. 디자인을 구현하기 위한 아웃소싱

흔히들 디자인은 예술이라고 한다. 그러나 나텔레콤에서 이미지를 현실의 제품으로 구현하기 위해서는 기술이라는 분야의 손길이 필요하다. 외관 디자인의 경우 구상된 디자인을 볼 수 있도록 제품으로 가시화한 mock - up(모형) 제작이 수반된다. 필요한 경우 금형을 만들어 공급하기도 하고 패키지 디자인의 경우 실제 패키지를 만들어 공급한다.

또한 제품 액세서리들은 제품을 디자인하고 아웃소싱으로 생산해 납품하기도 한다. 이런 mock - up과 금형, 액세서리 외관이 아웃소싱으로 제작되고 있다. 아웃소싱은 선택이 아니라 개발 과정의 일부이며 산업 간의 협력인 것이다.

만약 나텔레콤에서 아웃소싱하고 있는 금형이나 패키지 제작을 모두 자체적으로 해결하고자 한다면 많은 인력과 장비가 필요할 것이다. 비용적인 측면은 차치하고서라도 새로운 기술을 완전히 나텔레콤의 것으로 소화하기까지 너무 오랜 시간이 걸린다.

그리고 당장의 기술적 노하우를 쌓기 위해 회사의 매출을 언제까지 0으로 유지할 수는 없다. 또한 보유한 기술 노하우가 매출로 완전히 전환된다는 보장 역시 없다. 모든 위험 요소를 제거하기 위해 아웃소싱이 도입되는 것이다.

혹자는 물을 수 있다. 비슷한 유형의 상품인 통신기기를 디자인한다면 동일한 기술이 필요할 것이고, 한 가지 기술을 확보한다면 회사 입장에서 큰 도움이 될 것이라고 말이다. 하지만 그 사람이 삼성전자나 LG텔레콤의 1년 연구개발 비용을 알고 난다면, 그런 말은 절대 입에 담을 수 없을 것이라고 나텔레콤은 설명하고 있다.

특히 매년도 아닌 매일 기술 환경이 변화하는 통신사업 분야에서 변화하는 기술력을 모두 습득하려 한다면, 나텔레콤 매출의 몇 배 또는 넓십 배를 쏟아부어도 고객을 만족시킬 수 없을 것이다.

전체 공정에서 이러한 아웃소싱이 차지하는 비용은 10∼20% 정도이며 모형 하나에 300∼500만 원 정도의 비용이 소요된다. 아웃소싱하지 않는다면, 그 비용은 산정하기 어려울 만큼 늘어날 것이다.

디자인 회사들은 기술력이 확보되고 품질과 서비스가 좋은 업체와 손을 잡기를 바란다. 현재 파트너십 관계에 있는 제작업체는 '나래테크'와 '동호테크'가 대표적이다. 이들 업체는 연간 매출이 50억 정도로 나텔레콤보다 오히려 규모가 크다. 계약은 1년 단위로 이루어지고 비용은 해당 사업 건수마다 산정되어 있는 편이라 별도의 협의 없이 해당 디자이너가 꼼꼼하게 관리하고 있다. 이미 오랫동안 쌓아 온 신뢰가 밑바탕 되어 있기 때문에 나텔레콤 입장에서도 큰 문제가 없는 한 거래처를 바꿀 계획은 없는 상태다.

아웃소싱 진행에서 문제가 되는 것은 대부분 일정에 관련된 사항이다. 일정과 평가가 최종적으로 디자인과 시제품이 납품되는 고객사에서 이루어지기 때문에 문제가 발생했을 경우보다 나은 납품

을 위해서 일정 연기를 바이어에 요청하고 이를 아웃소싱 협력업체와 협의를 통해 진행하고 있다. 대체적인 업무 수행결과와 일정관리는 만족할 만한 수준이다. 그동안 진행했던 수 건의 작업들이 나름대로 나텔레콤에서 추구하는 디자인에 맞추어 제품을 보내 왔다. 또한 나텔레콤에서 납품하는 바이어 쪽에서도 만족할 만한 반응을 보이고 있다.

나텔레콤이 바이어 입장에서는 아웃소싱하는 업체이고, 나텔레콤은 또 다른 아웃소싱 업체와 협력하고 있는 이런 관계는 이미 전반적인 산업 분야에서 일반화된 현실이다. 다만 서로간의 신뢰가 없는 아웃소싱은 모든 업체가 망하는 지름길이라는 것을 인식해야 한다.

4. 파트너로서의 아웃소싱

나텔레콤은 아웃소싱보다는 파트너 개념을 더 소중하게 생각한다. 업무로 만난 관계이지만 너와 나보다는 우리라는 의식이 더 강하다. 따라서 서로간의 기술교류와 같은 상생의 관계를 유지하기 위해 노력하고 있다. 그러기 위해서 정기적인 미팅도 꾸준히 진행하고 있으며, 최대한의 신뢰를 부여하기 위한 각종 방안을 마련하고 있다.

물론 앞으로는 자체 기술개발도 고려하고 있다. 디자인되는 제품을 소프트웨어 분야와도 연계해 함께 개발하며 최종적으로 co-partner 관계로 발전해 나가고자 한다. 이는 한쪽이 손해를 감수할 수밖에 없는 상황을 강요하는 일부 업체들이 유념해야 할 말이다.

아웃소싱 업체 입장에서는 개발과정에서 적자를 감당하고 가야 하는 상황이 종종 발생하지만 아웃소싱을 의뢰하는 업체는 이를 무시하기 일쑤다. 하지만 성공적인 개발을 위해서는 업체 간의 협력과 조화가 잘 이루어져야 한다. 피해가 예상되면 함께 감수할 수 있어야 하고, 이익이 있으면 서로 나눌 수 있는 그런 동반자적인 자세가 요구된다.

다만 한 가지 바라는 점은 계측기 등을 공용화해 임차해 사용할 수 있게 하여 아웃소싱 업체의 개발 및 제작비용을 절감할 수 있는 시스템이 구축되었으면 한다. 현재는 업체별로 자체 기기를 사용하기 때문에 업체에 준비되지 않은 기기를 사용하고자 할 때에 많은 비용 부담이 발생한다.

심지어 자기 회사에 해당 기기가 없어 새로운 프로젝트를 진행조차 하지 못하는 아웃소싱 업체들도 있다. 설비 투자를 무작정 늘릴 수 없는 업체의 상황 때문이다. 이런 문제점을 관련 업체에서 조합을 만들거나 해서 서로 기기를 공유하거나 임차하는 등의 방법으로 해결했으면 하는 바람이 있다. 물론 정부의 도움이 필요한 부분이기도 하다.

또한 새로운 업체를 발굴하려면 소개나 에이전트를 통해 소개받는 게 현실인데, 분야별로 비교·분석할 수 있는 아웃소싱 업체 정보 DB가 구축되어 있으면 시간이나 노력 등을 벌 수 있을 것이다. 특히 관련 협회나 정부에서 지원하여 일정 수준의 규모나 장비를 갖춘 업체들의 DB를 제작하게 되면 아웃소싱 업체를 선정하는 데 공신력을 갖게 되고, 비용의 절감 효과도 극대화할 수 있을 것이다.

아웃소싱 공급업체의 의견

〖 아웃소싱 성과 〗

세라온에서는 나텔레콤을 통해 누리안 전자사전에 납품함으로써, 안정적인 수요가 발생하는 업체와 계약할 수 있게 되었다. 또한 액정보호필름 업체로서 누리안 전자사전의 액정을 동종 타 경쟁업체보다 빨리 접할 수 있어서 소매용 자체 브랜드 액정보호필름을 빠르게 출시할 수 있었다. 나텔레콤은 제조업체에게 가장 중요한 꾸준히 납품할 수 있는 업체를 찾아 주었고, 신제품에 대한 정보를 보다 빨리 접할 수 있게 해주어 회사의 발전에 큰 역할을 했다.

〖 아웃소싱 활성화를 위한 기업적 / 정책적 기대사항 〗

중소제조업체들이 생산을 제외한 유통, 홍보, 마케팅, 수출 등과 같이 판매활동의 모든 부분을 담당할 수 없는 것이 현실이다. 마케팅업체는 마케팅을, 유통업체는 유통을, 제조업체는 제조를 하여, 각 회사의 고유영역에 최선을 다하고, 타 영역은(예를 들면 제조업체에게 타 영역은 마케팅, 유통 등) 아웃소싱을 통해 그 분야 전문 업체에게 맡기게 되면 인건비 및 시간의 절감효과를 볼 수 있다.

〖 회사 소개 〗

세라온은 액정보호필름 전문 업체로 액정보호필름 이외에 스타일스킨(IT 기기의 외부에 붙이는 데코용도의 필름)을 차후 수익모델 개발 예정이다. 누리안 이외에도 삼성정보통신, 소니, 성진INC, 홈플러스, 매틴 등에 납품실적이 있고, 수출로는 일본의 GAMETECH, 독일의 HAMA, 영국의 JACOB 등에 oem 제작하여 수출한 실적이 있다.

아웃소싱은 5.
두 회사가 상생하는 것

:: 유니모 테크놀로지(주)와 인크루트

1. 무선통신 분야의 강자

2. 다양한 가격, 다양한 제품으로 승부한다

3. 상생할 수 있는 계약관계

4. 점진적인 새로운 업무 환경에의 적응

구분	발주사	공급업체
업체명	유니모테크놀로지(주)	인크루트
주요업종	제조-무선통신, 영상감시 분야	취업, 인사 포털서비스, ERP구축
대표명	정진현	이광석
주소	서울시 서초구 방배3동 479-12	서울시 강남구 동광중앙길 1 신웅빌딩 4-8층
홈페이지	www.unimo.co.kr	www.incruit.com
요약	인크루트에서 유니모테크놀로지(주)의 Enterprise Resource Planning 시스템 구축을 담당하였다.(ERP 시스템을 통하여 판매 및 생산계획 시스템을 구축하고 구매·재고관리 시스템을 구축함으로써 회계관리 시스템을 운영)	

⠿ 1. 무선통신 분야의 강자

1971년에 창업, 올해로 38주년을 맞은 유니모테크놀로지는 무선통신과 영상 감시 기기 분야를 기반으로 성장해 온 업체다. 그 후 GPS모듈과 레이저모듈 분야가 추가되면서 현재와 같이 4개의 사업 분야로 틀을 갖추게 되었다.

지난 30여 년간을 창업주가 운영해 오다가, 8여 년 전부터 2세가 경영권을 이어받았다. 오랜 역사를 가진 만큼 몇 차례의 위기도 겪었다. 하지만 유니모테크놀로지는 그런 위기를 더 높이 도약할 수 있게 하는 기회로 만들어 왔다.

유니모테크놀로지의 주력 제품으로는 먼저 무전기를 꼽을 수 있다. 무전기는 LMR(Land Mobil Radio)이라는 전통적인 아날로그 방식과 TRS* 기술을 TETRA** 방식으로 발전시킨 디지털 방식으로 나눌 수 있다.

유니모테크놀로지는 국내 LMR 시장에서 점유율 1위를 달리고 있다. 유니모테크놀로지의 무전기는 산업체, 조선, 유통, 건설 등의

---

* TRS(Trunked Radio System: 주파수공용통신)는 기존의 자가무전기를 발전시킨 시스템으로, 각 사용자가 하나의 주파수만 사용하던 기존 이동통신과는 달리 무선중계국의 많은 주파수를 다수의 가입자가 공동으로 사용하는 무선이동통신이다. 기존 무전기와는 달리 여러 개의 채널 중 사용하지 않는 빈 채널을 탐색해 다수의 사용자가 공용하기 때문에 매우 효율적이다. 특히 기존 아날로그방식에서 디지털로 통신환경이 개선된 디지털 TRS의 경우 보안성과 통화품질에서 보다 우수하며, 음성과 데이터통신을 하나의 시스템으로 통합, 그룹통화, 고속데이터통신이 가능하다.

** TETRA는 유럽무선통신표준기구(ETSI)에 의해 정의된 개방형 디지털 공용 무전의 표준 규격이다. 현재 유럽의 대부분 국가와 아시아에서 널리 사용되고 있다. TETRA는 하나의 단말기로 이동 전화, 무선 데이터, 양방향 무선 호출 등이 가능하고 최대 50km에 달하는 광범위한 통화권을 가지고 있다. 뛰어난 보안성과 복수 그룹 일제 통화 기능은 다른 무선통신 수단에 비해 우수한 것으로 인정받고 있다. 또한 통화 품질에 있어서도 휴대전화와 같은 수준을 보여 준다.

산업 현장이나 경찰서, 군부대, 소방서 등의 관공서에 이르기까지
광범위하게 사용되고 있는 것이다.

특히 PD2000과 같은 모델은 국내 무전기 최초로 20만 대를 돌
파해서 스테디셀러에 올라 있을 정도다. 또한 유니모테크놀로지의
유무선 통신 시스템은 국내 주요 중계소와 사업장에서 기간 통신
망으로 활용되고 있을 정도다.

최근에 TETRA 방식의 디지털무전기가 우수한 품질로 공공기관
이나 대규모 사업자들의 도입이 잇따르고 있는데, 유니모테크놀로지
도 이에 발맞춰서 기술개발과 함께 여러 제품들을 선보이고 있다.

그런 노력으로 MU－1000 모델 같은 경우는 장영실상을 수상하기도
했다. 향후에는 무전기 제품에 GPS모듈을 접목시키거나, DVR(digital
video recorder) 기능을 추가하는 등의 개발을 예상할 수 있다.

유니모테크놀로지는 뛰어난 기술력을 바탕으로 산업용 무전기뿐
만이 아니라 생활용 무전기까지 시장 범위를 확대하고 있다. 특히
레저산업의 발달로 동호회 등에서 무전기를 많이 찾는 추세여서
생활용 무전기 시장의 전망 또한 밝은 편이다.

유니모테크놀로지의 내수와 수출 비율은 내수 70%, 수출 30%
정도다. 주요 수출국으로는 일본, 미국, 유럽 등이 있으며, 현재는
동남아와 아프리카로도 수출을 하고 있다. 앞으로 TETRA 단말기
가 더욱 활성화가 된다면, 2～3년 내에는 수출 비중이 40～50%
정도로 확대될 것으로 기대하고 있다.

⁂ 2. 다양한 가격, 다양한 제품으로 승부한다

국내 무전기 시장에는 모토로라코리아와 에어텍, 이텍과 같은 업체들이 있다. 모토로라는 국내 총판업체를 여럿 가지고 있고, 에어텍과 이텍은 순수하게 무전기만 만드는 업체로 후발주자에 속한다.

이렇듯 국내 시장은 외국 업체와 국내 업체 간의 경쟁 구도 속에 있다. 유니모테크놀로지의 무전기부문은 국내 시장에서 40~50% 정도의 시장 점유율을 보이고 있다.

국내 시장의 특징 중 하나는 가격경쟁을 내세우는 저가시장과 품질을 내세우는 고가시장이 공존해 있다는 점이다. 중국산의 저가제품이 들어오면서 가격 경쟁력으로 승부하는 시장이 있고, 제품의 우수한 품질과 성능을 원하는 고가의 디지털 무전기 수요도 만만치 않다.

유니모테크놀로지는 이와 같은 시장 상황에 대처해 중국산과 경쟁할 수 있는 보급형 무전기를 출시하면서도, 동시에 보급형보다 10배 정도의 가격 차이가 나는 디지털 무전기도 출시하고 있다.

유니모테크놀로지의 디지털 무전기는 2여 년 동안의 기술개발을 통해서 얻어 낸 결과물이기도 하다. 이처럼 유니모테크놀로지는 고객의 요구와 수준에 맞게, 가격과 품질이 다양한 제품을 생산하고 있다.

유니모테크놀로지는 1990년대까지만 하더라도 큰 호황을 누렸다. 방위산업체였기 때문에 안정적으로 제품을 군에 납품할 수가 있었고, 경쟁업체들이 많지 않았기 때문이다. 유니모테크놀로지가 어려움을 겪게 된 것은 99년도에 들어서다. 경쟁업체들이 하나 둘씩 속속 생기더니, 저가의 중국 제품이 본격적으로 유입되면서 가격 경쟁력에서마저도 약세를 면치 못했기 때문이다.

2000년부터 정부는 기존의 LMR 무전기 체제를 버리고, 디지털 TRS 체제로 변화를 주면서 관납에서마저 어려움을 겪게 된다.

또한 대량으로 공급하고 있던 해외 거래처가 저가를 내세우는 중국 업체로 거래선을 바꾸어 버리는 일까지 생겼다. 유니모테크놀로지에게는 악재에 악재가 겹친 상황이 발생한 것이다.

지금이라고 해서 이런 어려움을 모두 극복한 것은 아니다. 하지만 피나는 노력으로 경쟁력을 확보해 나갔다. 먼저 회사의 몸집을 줄였다.

350여 명이었던 직원을 120여 명 정도로 감원했다. 생산라인처럼 분사를 시켜서 독립시킨 경우도 있고, 퇴사 인원 발생 시 신규 인력 채용을 자제하는 방식을 취하기도 했다.

또한 제조원가를 줄이기 위해서 원가 절감 아이디어를 계속 요구하고, 발굴하는 등의 내부적인 노력도 뒤따랐다. 뼈를 깎는 슬림화 작업은 비용의 절감을 가져왔고, 이것은 고스란히 새로운 제품을 개발하기 위한 투자에 들어갔다. 이렇게 개발된 신제품은 더 높이 비상하기 위한 무기가 되고 있다.

앞으로 유니모테크놀로지는 기존의 산업용무전기 시장의 규모를 유지하면서, 영상감시 분야를 공략할 계획이다. 영상감시 분야에

있어서 국내 시장은 이미 경쟁업체들이 많기 때문에 해외 시장을
목표로 하고 있다.

그리고 유니모테크놀로지는 미래 사업으로 레이저 분야에 도전할
계획을 갖고 있다. 아직 구체적인 사업 모델이 완성되지는 않았지만,
곧 가시적인 성과가 있을 것이다. 향후에는 지금 준비하고 있는 미
래적 품목들이 매출에 더 큰 영향을 끼칠 것이다. 그것은 곧, 유니모
테크놀로지의 성장을 의미한다.

3. 상생할 수 있는 계약관계

유니모테크놀로지에서 아웃소싱하고 있는 분야는 전산 분야이다.
1997년부터 사용해 오던 전산시스템은 2004년부터 ERP*라는 새
로운 시스템으로 바뀌게 된다. 새롭게 구축된 ERP 시스템은 기존
의 유니모테크놀로지 인력으로는 업무를 수행하기가 어려웠다.

유지, 보수 및 소프트웨어 업그레이드 등을 위해서는 ERP를 공
급한 업체의 기술력이 필요하게 된 것이다.

자연스럽게 기존의 전산 인력이 빠지게 됐고, ERP 소프트웨어를 공
급한 뉴소프트기술(현재 '인크루트' ERP사업부)이 ERP 시스템을 담당
하게 됐다. 또한 하드웨어(서버, 일반 사무용 PC, 네트워크 시스템,
OA시스템 등) 부분도 적당한 업체를 선정하여 아웃소싱하게 됐다.

---

* ERP란 enterprice resource planning의 약자로 우리나라 말로 전사적 자원관리라 한다. 즉
  ERP란 회사의 자원을 계획하고 관리하는 시스템을 말한다. 여기서 자원이란 직원, 시간, 자본
  (돈, 채권, 재고자산 등) 등을 포함하는 것이다.

그러나 IT 업계의 불황으로 영세한 IT 업체들이 어려움을 겪게 되었다. 이 시기에 다자간의 계약관계가 이루어진다. KT의 사업 중에 비즈메카라는 게 있었고, 유니모테크놀로지는 KT와 계약을 맺었다. KT는 유니모테크놀로지에 소프트웨어와 하드웨어를 공급하던 업체와 계약을 맺어서 기존의 아웃소싱 공급업체를 교체하지 않고, 전과 다름없이 아웃소싱을 공급했다. 계약관계에서만 변화가 있을 뿐 기존의 업체 직원이 그대로 유니모테크놀로지에 파견돼서 근무하게 된 것이다. 당시의 계약관계는 서로의 필요에 의한 것이었다.

유니모테크놀로지는 아웃소싱 공급업체가 도산 위기에 빠지는 것을 원치 않았다. KT는 원하는 대로 사업 확장을 추진할 수 있었다. 이러한 전략적 계약관계는 2006년까지 이어졌다. 그 뒤로 KT가 해당 사업 분야의 비중을 줄이면서 다시 예전대로 아웃소싱 업체와 직접 계약을 하게 됐고, 현재까지 그 계약을 유지해 오고 있다.

이와 같은 계약의 제안자는 '뉴소프트기술'이었다. 유니모테크놀로지는 ERP 시스템의 도입이 필요했다. 또한 계속해서 유지·보수가 되길 원했다. 하지만 국내산 소프트웨어를 도입할 때의 문제점은 유지·보수 측면에서 취약한 점이 있었다.

국내의 소프트웨어 업체들은 재정적으로 탄탄하지 못하기 때문이다. 실제로 ERP시스템을 도입하면서 오라클과 같은 외국 업체들도 후보군에 있었다. 이런 점을 뉴소프트기술에서는 잘 알고 있었고, KT를 통해서 해결할 수 있었다. KT는 당시 뉴소프트기술과 협업관계에 있었다. 뉴소프트기술은 '인크루트' ERP 사업부로 인수합병이 됐으며, 현재 유니모테크놀로지는 '인크루트' ERP 사업부와 계약이 되어 있다.

2003년 당시에 ERP를 공급하는 업체 중에는 오라클, 제이디에드워드, SAP 등의 외국 업체들과 여러 국내 업체들이 있었다. 하지만 유니모테크놀로지는 뉴소프트기술의 패키지가 가장 적절하다고 판딘했다. 기술력도 뛰어났고, 무엇보다 유니모테크놀로지의 규모에 알맞았다. 향후 경영환경에 따른 발전가능성도 충족시켰다.

시스템 구축에 해당하는 일정과 비용을 따로 계약했고, 이후 유지·보수 아웃소싱에서는 연간 개념으로 계약하고 있다. 그간 계약 주체의 변화는 있었으나, 실제 업무 담당 업체는 한 회사로 유지되고 있다.

아웃소싱을 하기 전과 후를 비교해 봤을 때, 가장 큰 이득은 비용적인 측면을 들 수 있다. 예전처럼 사내에 전산 담당 부서를 뒀을 때와 비교해 보면, 약 25% 정도 비용이 절감됐다고 볼 수 있다. 현재 유니모테크놀로지 전체 지출액 300억 정도에서 아웃소싱이 차지하는 비용은 2억 이하로 1%에 미치지 못한다.

전산이라는 업무는 서비스를 사내에 제공하는 측면이 있다. 그런 면에서 볼 때에도 서비스의 질이나 마인드가 예전의 자체 직원이 담당할 때보다도 훨씬 좋아졌다. 또한 근무 형태는 내부 직원과 거의 동일하기 때문에 업무 요청에 대한 대응도 매우 빨라졌다. 문젯거리를 이슈화하거나, 수정을 요구하거나 또는 새로운 것을 요구할 때마다 수행가능 여부에 대한 대답이 빠르며, 실제 수행도 신속하게 이루어진 것이다.

그리고 시스템을 직접 구축한 업체이기 때문에 시스템 관리자로서의 전문성 또한 훨씬 월등했다. 비용의 절감, 업무에 대한 대응성, 시스템에 대한 전문성 등에 있어서 이전보다 훨씬 더 효율적일 수밖에 없었다.

유니모테크놀로지는 전산 시스템을 구축했던 업체한테 그대로 관리까지 맡겼기 때문에, 아웃소싱 공급업체에 관한 정보를 따로 찾아야 할 필요가 없었다. 또한 현재의 업체를 바꿀 계획도 없다. 전산은 일반적인 부분의 아웃소싱과는 달라서 쉽게 다른 업체로 대체할 수가 없다. 전산의 경우는 아웃소싱 공급업체가 수요업체의 업무 처리 방식에 대해 잘 알고 있어야 한다.

수요업체의 방식에 대한 이해가 없는 공급업체에게 아웃소싱을 할 경우 시스템 운영에 혼란을 가져올 수 있다. 만약에 현재의 공급업체를 바꾼다고 한다면, 그건 전산 시스템을 통째로 교체한다는 얘기가 될 것이다.

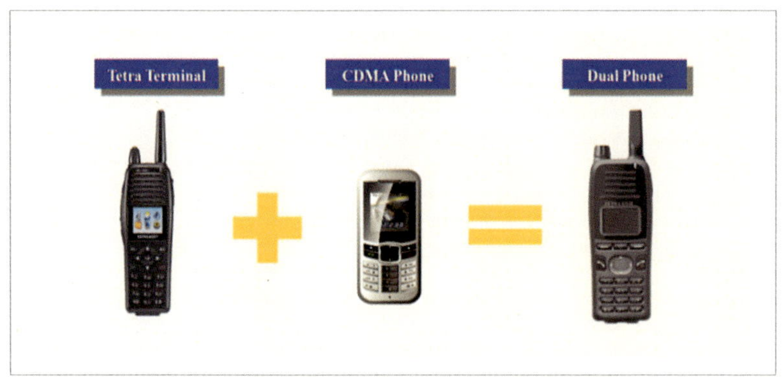

아웃소싱 결정의 주체는 임원이지만, 결정 이전에 검토와 확인 과정에서 실무자와 관리자의 의견이 충분히 반영되고 있다. 실무진들은 기술에 대한 검증을 가장 중요하게 여기고 있다. 임원진에서는 실무진의 검토를 토대로 그 이외에 비용, 기업의 영속성 등을 고려해서 업체를 결정하고 있다.

현재의 아웃소싱 공급업체인 '인쿠르트'의 직원규모는 약 250여 명이며, 그중의 3분의 1이 ERP 사업부에 배치되어 있다. 하드웨어 업체는 그보다 적은 35명 정도다.

아웃소싱 공급업체로부터 파견되는 상주 인원은 소프트웨어 부분 1명이다(하드웨어 아웃소싱 업체로부터 파견되는 인원도 1명 있다). 전산 분야의 아웃소싱은 이처럼 1~2명의 인원을 고객사에 파견하는 것이 일반적이다.

유니모테크놀로지 안에는 아웃소싱 공급업체를 관리하는 전담부서가 따로 없다. 경영관리 팀장이 필요에 따라 관리를 한다. 그리고 공급업체의 직원이 유니모테크놀로지 내에 파견되어 있기 때문에 실무자들의 업무 요청은 바로 파견자(아웃소싱 공급업체 직원)에게 접수된다. 일반적인 수정이나 단순한 확인 같은 경우는 파견자들이 재량껏 우선순위에 두고 문제들을 처리한다.

그러나 업무가 단순하지 않거나 시간상으로도 며칠이 걸리는 문제가 발생하면, 그때는 팀장이 개입을 해서 우선순위를 정해 준다. 실무자와 파견자 사이의 요청에 대해서 팀장이 메일 등을 통해 수시로 확인하고 있기 때문에 구매나, 우선순위 조정 등은 적절한 타이밍에 개입해 조율하고 있다.

유니모테크놀로지는 아웃소싱에 대한 만족도가 높은 편이다. 이

전에 사내에 전산부서를 두었던 경험으로 인해 아웃소싱했을 때와 직접 비교할 수 있기 때문이다. 또한 회사가 오래되다 보면 권위적인 분위기가 팽배해져서 상명하복의 관계를 형성될 수도 있다.

하지만 아웃소싱 공급업체와는 순수한 업무적 관계이기 때문에 그런 분위기를 느낄 수가 없다. 즉 업무만 원활하게 진행된다면, 분위기는 더할 나위 없이 좋다고 할 수 있다. 아웃소싱으로 인한 단점이라고 한다면, 파견 인원으로 해결이 안 되는 문제에 있어서 공급업체의 상급자와 소통하는 데에 물리적인 시간이 더 소요된다는 점을 들 수 있겠다.

⠿ 4. 점진적인 새로운 업무 환경에의 적응

유니모테크놀로지에서 처음 전산 시스템을 바꾸고 아웃소싱을 도입하려고 할 때 반대가 없었던 것은 아니다. 어떤 조직이건 익숙한 기존의 방식을 통째로 바꾼다고 한다면, 당연히 새로운 방식에 대한 거부감이 클 수밖에 없다. 이것은 새로운 것에 대해서 새로운 학습을 해야 된다는 업무적인 부담감과, 또 개인의 업무 환경이 어떻게 변할지 모른다는 불안감 때문이다.

경영자는 이런 직원들에 대해서 새로운 시스템에 적응할 수 있는 시간을 충분히 주는 등의 지원을 해야 할 것이다. 더불어서 설득도 병행해서 확신을 심어 줘야 한다. 경영자가 새로운 시스템의 도입을 결정하고, 그 이하 사용자들이 새로운 시스템을 잘 따라 주어야 성공할 수 있다. 그런 면에서 유니모테크놀로지의 전산 분야 아웃소싱은 성공적이라 할 수 있다.

아웃소싱에서 중요한 점은 업체 선정에 신중을 기해야 한다는 것이다. 특히, 전산 분야에서는 공급업체의 제품력이 우수할 뿐만 아니라 유지·보수에도 신경을 써야 하기 때문에 재정 상태, 즉 앞으로의 업체 전망 또한 꼭 살펴봐야 할 것이다. 덧붙여서 업체의 전문성도 필요조건이다.

어떤 기업이건 간에 원가절감에 대한 관심이 높을 수밖에 없다. 특히 유니모테크놀로지는 제조회사이기 때문에 제조 원가절감이 가장 큰 관심사다. 또 세소원가 이외에도 회사를 운영하는 데에 들어가는 비용의 절감도 관심사다.

그런 이유로 유니코테크놀로지에서는 원가절감의 한 방편으로 아웃소싱에 대해 항상 관심을 두고 있다. 그리고 아웃소싱 공급업체에 대한 서비스 내용이나 수준, 비용 등의 정보를 얻는다면, 당장은 아니라도 적절한 시기에 도입할 생각을 갖고 있다.

아웃소싱 활성화에 대한 정부 정책이 있고 없음을 떠나서, 시장 논리에 의해서 아웃소싱은 결정될 것이다. 즉 기업이 투자한 것 이상으로 가져오는 효과가 크다면 당연히 아웃소싱은 활발히 이루어질 것이다.

정작 정부의 정책이 절실할 때는, 아웃소싱 공급업체들이 창업이 된 이후다. 새로 창업한 아웃소싱 공급업체들은 대부분 시장 진입을 어려워하고 있다. 시장 진입이 쉬워지면 아웃소싱 공급업체들은 자기 분야에서 더욱 전문성을 높일 수 있게 된다. 게다가 경험이라는 훌륭한 자산을 쌓을 수도 있다.

이로써 아웃소싱 수요업체의 비용을 줄여 주면서 더 좋은 서비스를 제공할 수 있게 된다. 이런 차원에서 어떻게 지원을 할 것인지, 그리고 일정 수준의 궤도에 오를 때까지 어떻게 유지시킬 것인지에 대한 진지한 고민이 필요하다.

아웃소싱 공급업체의 의견

〔 아웃소싱 성과 〕

인크루트 측의 전문 인력을 유니모테크놀로지에 전담 배치함으로써 발생하는 니즈에 대한 즉각적인 대응이 가능한 체계를 구축하고 아웃소싱에 대한 타당한 비용을 제시함으로써 양사 간의 타당한 비용지출 구조를 완성하였음. 따라서 양사 간 성공적인 레퍼런스를 확보함은 물론 유니모테크놀로지의 SM 인력이 시장의 변화에 탄력적으로 반응하는 대응력의 향상을 꾀한다.

〔 아웃소싱 활성화를 위한 기업적 / 정책적 기대사항 〕

비용 부담을 완화하기 위한 SM 지원사업(정보화 지원 사업의 확장 모델)을 통해 수요기업에서 SM 비용부담을 완화하여 별도 비용이 지출되더라도 크게 부담이 되지 않게 하는 정책적 지원이 필요하다.

〔 회사 소개 〕

인크루트(주)는 대한민국 최고의 취업·인사 포털 인크루트와 국내 최고의 ERP 서비스 NST를 운영하고 있는 HR 전문기업으로서 온라인 채용정보를 중심으로 한 다양하고 전문화된 HR 관련 콘텐츠와 서비스를 통해 국내 인사 및 애용 분야에서 확고한 지휘를 지키고 있는 기업이다.

아웃소싱을 통한 기술력 확보

:: 두온시스템과 천지산업

1. 산업 현장의 안전 보초병

2. 새로운 판매 방식으로 두온시스템을 알리다

3. 국내 유일의 디지털 기술 기반 트랜스미터 개발

4. 업체의 선정이 가장 중요하다

5. 소중한 협력자로 함께하다

6. 아웃소싱을 통한 정밀산업의 발전을 위하여

구분	발주사
	두온시스템
업체명	
주요업종	제조 – 트랜스미터기(Autrol)
대표명	김영수
주소	서울시 금천구 가산동 60-31 (주)두온시스템
홈페이지	www.duon.co.kr
요약	두온시스템은 제조 공정에서 하우징, 볼트, 후렌지, 센서바디 등의 기구와 금형 등을 아웃소싱으로 생산하고 있다. 두온시스템에서 필요로 하는 기술력과 생산력을 천지산업은 모두 보유하고 있다.

1. 산업 현장의 안전 보초병

우리는 삶을 살아가면서 무수히 많은 에너지를 소비한다. 비단 먹고 마시면서 보충하는 칼로리로 측정되는 에너지뿐만 아니라 태양, 수력 등의 자연에너지, 전기와 화석연료와 같은 동력 및 난방 에너지에 이르기까지 무수히 많은 종류의 에너지 힘을 이용해서 생활하고 있다.

과거 에너지를 사용하기 위해서는 단순한 시스템이 활용되었다. 불만 있으면 거의 모든 에너지를 직접 사용할 수 있었다. 불을 지피고, 물을 끓이는 방법 등을 통해서 우리는 생활하는 데 필요한 에너지를 얻었다. 하지만 최근에는 에너지를 얻기 위해서 다양한 방법과 시스템, 기기 등이 사용된다. 다양한 에너지원을 통해 발생하는 에너지를 한데 모으고, 다시 전달하기 위해서는 각각의 특성에 맞는 시스템을 시용하여야 한다. 따라서 여기에 사용되는 기계 설비나 부품들도 모두 다르다.

에너지를 우리가 원하는 대로 사용하거나 추출하기 위해서는 다양한 시스템이 필요하고, 그 시스템에 의해서 움직이는 기계장비들이 필요하다. 에너지를 추출하거나 사용하기 위한 시스템은 항상 고온의 액체와 위험한 화학물질들이 포함되어 있다. 따라서 조그마한 기계 결함으로도 상상하기 어려울 만큼의 피해가 발생할 수도 있다.

특히 추출 시스템이나 기계장비가 제대로 작동하는지를 파악하는 장치의 고장이나 결함은 큰 피해로 이어지게 된다. 이렇게 시스템이나 기계장비 작동의 오작동과 고장이 생기는 것을 막기 위해

항시 체크하는 장비를 트랜스미터(Transmitter)라고 한다.

두온시스템은 트랜스미터기 개발업체이다. 트랜스미터기란 쉽게 말해서 기계에서 발생하는 온도나 압력, 차압 등을 자동으로 체크해 데이터를 통제실로 전송하는 장치이다. 이는 일종의 보초병으로 산업 현장 대부분에서 쓰이고 있다. 예를 들면 보일러, 발전소, 지역난방, 열병합 발전소, 화학공장, 유리 공장 등 산업용 공장들은 전부 포함된다. 5년여의 개발 기간을 거쳐 2002년 출시된 두온시스템의 트랜스미터기 '오트롤'은 통신이 가능한 digital & hart 방식으로 만든 국내 최초의 제품이다.

2. 새로운 판매 방식으로 두온시스템을 알리다

두온시스템은 1989년에 설립될 당시에는 DCS라는 분산형 제어시스템을 미국의 웨스팅하우스사에서 들여와 국내 환경에 맞게 설치하는 사업을 했다. 그러던 중에 트랜스미터기를 자체 개발하게 되자 웨스팅하우스를 합병한 에머슨사의 압력으로 DCS 제어시스템 사업은 포기해야 했다.

에머슨사도 로즈마운트 계열사에서 스마트형 전송기를 만들고 있었기 때문이다. 결국 2005년에 기존 제어시스템 사업에 관계된 인력을 에머슨사의 한국 지사로 넘기게 되었다. 그리고 두온시스템은 트랜스미터기 개발에만 전념하게 되었다. 엔지니어인 사업주가 트랜스미터 자체 개발을 선택한 것이다.

두온시스템은 우여곡절 끝에 트랜스미터 개발에는 성공했지만, 막상 시장에 진입하려니까 판로가 없었다. 50억 원 이상의 비용과 시간을 투자해 개발했지만, 요꼬가와와 로즈마운트 등 대표적인 외산 제품이 국내 시장을 이미 장악하고 있었다. 때문에 국산 제품을 마케팅하는 것조차 버거울 정도였다.

사실 국내의 어떤 업체가 이제 개발된 제품을 단지 국산품이라는 이유 하나만으로 무조건 사용하겠는가? 십분 이해할 만한 상황이기도 했다. 그래서 두온시스템은 무상으로 데모 제품을 배포하였으며, 이에 대한 피드백을 받아서 바로 즉시 업그레이드하면서 표준화 작업을 했다. 그러다가 판매가 일어나면, 현지에 가서 직접 설치했다. 두온시스템 내부에서 테스트를 완벽하게 했어도, 현장의 온도와 압력 등 환경과 상황에 따라 각각 다르기 때문이다.

또한 외산 제품의 경우 발주를 통상 6개월 전에 해야 하는데, 두온시스템의 오트롤은 배달 기간을 단축해서 한 달이면 납품이 가능하게 되었다. 국내 시장의 경우 외산에 비해 추가 경비 없이 시운전 등 가동 전 현장의 문제점을 완벽하게 서비스하고 있어서 편리했다.

이러한 두온시스템의 판매 방식은 시장에서 상당한 반향을 불러일으켰다. 판매에만 급급했던 외국계 업체와는 달리 직접 설치해 주었고, 또한 사후 서비스까지 제공함으로써 큰 신뢰를 쌓을 수 있게 되었다. 두온시스템의 트랜스미터기는 의외의 결과를 가져오기도 했는데, 공기업을 통한 국산 제품의 고정적이고 지속적 거래가 이뤄지면서 외산 제품의 가격이 50% 인하되는 효과를 낳기도 했다. 점차 시장에서 트랜스미터기를 제작하는 두온시스템의 존재를 확인하기 시작한 것이다.

특히 정밀도를 높이고, 잔 고장 발생률을 없애고, 어디에서나 쓸 수 있도록 표준화 작업에 매진한 결과, 2006년에 이르러 안정화와 표준화를 이루었다. 이 과정에서 기구와 하드웨어, 소프트웨어를 삼위일체시키는 게 힘들었지만, 결과는 놀라웠다. 2005년에 비해 2006년의 매출액이 100% 이상 증가하였고, 2007년에는 63% 상승하는 결과로 이어졌다. 두온시스템의 총 직원은 35명이고, 매출액은 2007년 53억 정도이고, 올해 목표액은 70억이다.

3. 국내 유일의 디지털 기술 기반 트랜스미터 개발

두온시스템은 디지털 기술 기반을 가진 트랜스미터를 개발하는 회사이다. 단순히 디지털 기술을 가미했다고 생각할 수도 있지만, 이 기술은 세계적으로도 상용화한 기업이 그리 많지 않다. 따라서 국내에 이 기술력을 가진 기업은 두온시스템이 거의 유일하다고 볼 수 있다. 이러한 이유로 지금까지도 국산 경쟁 제품은 없다. 이에 2005년 지식경제부 산하 기술표준원에서 NEP 신제품 인증서를 받았고 계속 연장하고 있다.

많은 업체들이 개발을 시도했다가 쓰러지고 말았는데, 이는 기술력과 판로 문제 때문이었다. 개발과 테스트를 거쳐 출시하기까지의 과정이 쉽지 않은데, 두온시스템은 축적된 분산형 제어시스템 개발 경험이 있어서 이를 응용해 제품을 테스트해 보고 검사 장비를 직접 만들 수 있었기에 유리했다. 이런 기술력이 없으면 현장에서 문제가 발생해도 원인을 찾을 수가 없는 것이다.

현재 시장 점유율은 발전소가 15%, 원자력발전소가 20%로 공기업 위주로 공급되고 있다. 일반 사기업에서는 아직도 국산 제품 사용을 꺼리고 있다. 정부 산하기관이나 관공서의 경우 의무적으로 20% 이상 국산을 써야 하는 제도가 있어서 접근하는 게 빨랐다.

국내 기업들이 해외로 진출하면서 시장은 점점 커질 수밖에 없다. 두온시스템은 세계 전체 시장 매출 2조 5천억 원 중 10% 달성을 목표로 잡고 있으며, 실제 매출의 절반이 해외 36개국에서 일어나고 있다. 아직은 소량으로 시장의 확대를 노리고 있는 상태인데, 트랜스미터기는 사용 후 1년이 지나 봐야 결과를 알 수 있기 때문에 장기적으로 수출에 주력하고 있다. 금년 안에 러시아에서 대량 구매가 있을 예정이다.

국내 발전소나 가스공사, 포스코 등은 단가 계약이 이뤄져 있는데, 단가 계약은 매번 견적을 넣는 것이 아니라 이미 납품가가 정해져 있는 것으로, 제품의 품질은 물론이고 국가 차원에서 육성해야 한다고 인정된 제품만이 가능한 계약이다. 이처럼 두온시스템의 제품 신뢰성은 이미 확보되어 있지만, 국내 기업의 해외 프로젝트는 어려운 편이다. 이는 발주처에서 세계적인 브랜드 제품을 지정해서 사용하도록 지시하는 경우가 대부분이라서, 국내기업을 통한 해외 진출은 어려운 상황이다. 이에 두온시스템은 해외 전시회 참여 등을 통해 브랜드 인지도와 신뢰도를 높이고 있다.

제조 공정에서 하우징, 볼트, 후렌지, 센서바디 등의 기구와 금형은 전부 아웃소싱으로 생산하고 있다. 이러한 부품 생산을 아웃소싱에 맡긴다는 것은 단순히 생산을 하청하는 것으로 비쳐질 수 있다. 하지만 두온시스템이 맡기는 아웃소싱은 단순히 부품을 조달하는 형식의 아웃소싱이 아니다.

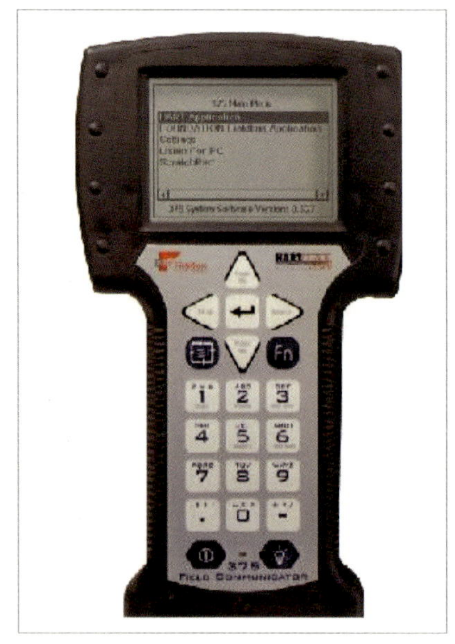

이 아웃소싱 기업은 두온시스템이 개발하는 트랜스미터의 규격과 시스템 등을 바탕으로 제품 설계와 시험분석, 제품화 과정까지 모두 포괄하여 운영하고 있다. 단순히 설계도만을 받아 생산 장비를 활용하여 기계만 가동하는 수준의 아웃소싱이 아닌 것이다.

두온시스템이 사용하는 기구들은 전부 국제 규격에 맞추어 제작되어야 하고, 미세한 오차도 허용치 않는 정밀 산업 분야이다. 때문에 전문 업체를 찾기가 어려웠다. 또한 초기에는 물량도 적어서 더욱 아웃소싱 업체를 찾는 게 어려웠다. 그렇게 1년을 뛰어다니며 고생해야 했다.

그러다가 외국 업체의 주문을 받아서 기구를 제작하는 업체를 알게 되었다. 이때의 인연으로 알게 된 아웃소싱 공급업체는 '천지산업'으로 방위산업, 항공산업, Automotive와 상업용 제품의 기구 및 장비를 제조해서 공급해 주는 업체이다.

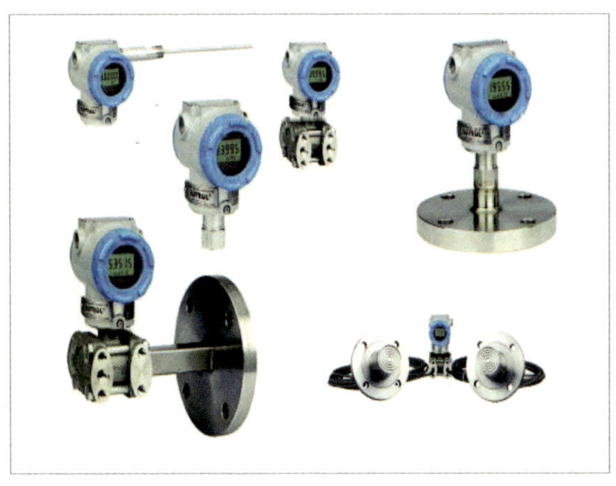

천지산업을 단순한 제조업체로 인식하고 있는 사람들도 많다. 하지만 천지산업은 부속 기술연구소를 보유하고 있는, 유망한 기술 중심 기업이다. 헬리콥터 등 항공부품 개발은 물론이거니와 산업용 가스터빈, 핵 발전 설비, 터보압축기부품 등의 국산화에 기여하고 있으며, 이렇게 다양한 기기들을 연구, 개발할 수 있는 체계도 갖추고 있다.

천지산업은 확보된 기술력을 바탕으로 고급 밸브, 트랜스미터 부품을 수출하거나 국내 주요 기업에 제공하고 있다. 특히 정밀한 가공이 필요한 기기는 수요업체가 요구하는 형태로 설계하여 시험분석하고, 제품화하는 완전한 공정을 운영하고 있다.

특히 첨단 복합소재를 적용한 정밀주조용 소재 개발, 초내열 내식 합금의 적용 및 대형 주조품의 개발 등 국내외 기계산업, 방위 산업 등 여러 산업 분야에서 고부가가치 첨단부품을 공급하고 있다.

천지산업과의 협력관계는 이젠 어느 정도 궤도에 올라 있다. 처음엔 월간 천 단위로 일정 수량 계약을 했지만, 현재는 재고를 감수하고 1년에 일정 수량 공급을 약속했다. 주조의 특성상 생산량을 월 단위로 조정하기 어렵기 때문에 연간 단위로 일정량의 생산을 할 수밖에 없다. 따라서 두온시스템은 천지산업의 특성을 충분히 반영하여 약간의 재고가 발생하더라도 연간 단위로 공급받고 있다.

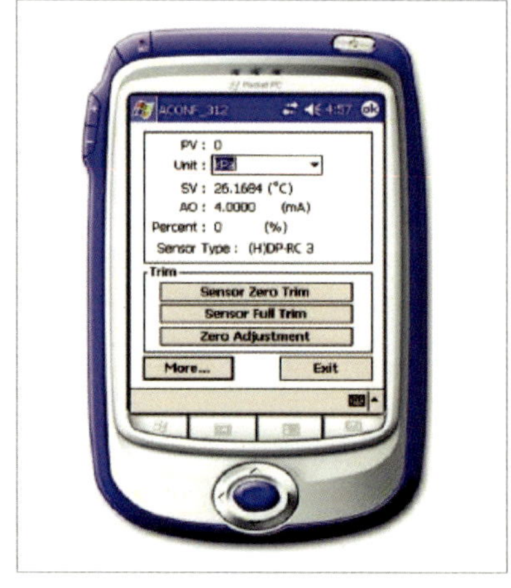

천지산업이 제공해 주는 부품은 천지산업만의 정밀하고 정확한 기술의 산물이다. 자체 연구소에서 설계하고 제작하는 부품들은 세계 선진국의 유명한 기업들의 그것과도 맞먹는 정밀성을 자랑한다. 두온시스템의 다른 아웃소싱의 경우도 이와 비슷한 방식으로 운영되고 있다.

특수 페인트와 밀링, 하드웨어 SMD와 납땜도 수작업하지 않고 자동 설비 업체에서 만들어 불량률을 줄이고 있는데, 이 경우에도 아웃소싱이 적용되고 있다. 현재 두온시스템의 설비 운영의 정밀한 부분은 전문 업체에서 담당하고 있다.

가끔은 국내에 기술력을 보유한 제작 업체가 없어서 해외에서 부품을 조달하는 경우도 있다. 하지만 두온시스템은 큰 무리가 없는 이상 국내 업체와 관계를 맺고자 노력을 기울이고 있다. 두온시스템도 현재 외국 업체와 치열한 경쟁을 하고 있기 때문이다.

천지산업과 같이 기술 전문기업에 아웃소싱을 맡기는 까닭은 제작 과정에 필요한 기술을 확보하는 것이 가장 우선이기 때문이다. 일반인들은 금형이나 기기를 주조하는 기술들을 매우 쉽게 생각하는 경향이 있다. 틀을 만들어서 뜨거운 쇳물을 넣으면 원하는 모형이 나온다고 생각한다.

하지만 두온시스템의 트랜스미터와 같이 정밀성을 요하는 기계를 만들 때 그렇게 단순한 기술력으로 만든 부품을 사용한다면 바로 사고로 이어진다. 두온시스템의 트랜스미터는 고온이나 고압을 체크히는 역힐을 한다. 따라서 한 치의 오자가 발생하더라도 대형 사고로 이어진다.

▒ 5. 소중한 협력자로 함께하다

두온시스템은 아웃소싱을 상당히 성공적이라고 평가한다. 두온시스템에서 필요로 하는 기술을 천지산업에서 보유하고 있으며, 두온시스템의 제품에 들어맞는 제품을 공급하기 위해 설계와 제조, 생산까지 한꺼번에 운영할 수 있는 시스템 또한 보유하고 있기 때문이다.

즉 기술력과 생산력을 모두 보유한 기업이 천지산업이다. 만약 두온시스템에서 천지산업과 같은 기술력과 생산력을 가지려고 한다면, 소요되는 비용을 산정하기란 어렵다. 생산 장비의 도입은 가능하겠지만, 기술력은 수년간의 노력과 인력의 양성으로 가능한 것이기 때문에 비용 산정 자체가 불가능하다.

따라서 두온시스템에게 천지산업은 아웃소싱 공급업체이기 이전에 소중한 협력자인 것이다.

아웃소싱에 대한 관리는 불량률이나 납품 기한으로 충분히 평가할 수 있기 때문에 자연스러운 거래를 유지하는 방법을 사용하고 있다. 물론 자체적인 평가 방식은 있으나, 이러한 세세한 평가는 큰 틀에서는 사용하지 않는다.

앞으로도 두온시스템은 천지산업과의 협력관계를 꾸준히 이어 나갈 것이다. 두 기업 모두에게 이득을 줄 수 있는 협력관계가 이미 형성되었기 때문에 다른 위험요소를 발생시킬 필요가 없는 것이다.

⁝⁝⁝ 6. 아웃소싱을 통한 정밀산업의 발전을 위하여

아웃소싱 기업들은 자신의 일처럼 모든 업무를 진행하면서 수요업체가 생각하지 못한 창의적인 기술을 개발할 필요가 있다. 아웃소싱 수요업체가 아웃소싱을 선택한 이유는 비용적인 측면도 있지만, 무엇보다도 자신들이 생각하거나 운영하지 못하는 기술이나 업무를 해결하기 위해서다. 따라서 자신들이 제시할 수 있는 모든 창의력을 수요업체에게 제시할 필요가 있다.

두온시스템은 수출에 주력하고 있지만 각국마다 자체 품질 인증을 따야 하는 등 진입 장벽이 있다. 특히 독일과 일본은 자국 제품이 아니면 사용하지 않아 진입이 불가능하다. 국내에서도 이런 인식이

절실하다. 국내 업체를 보호하고 육성하려는 의지가 있어야 한다. 그
래야 기술개발에 대한 강한 의욕을 가지고 도전할 수 있게 된다.

자체 기술 보유에 대한 필요성과 중요성은 설명이 필요 없지만,
문제는 비용과 시간, 인력이다. 현재 두온시스템은 정부를 통해서
해외 전시 비용 등 지원을 받고 있지만, 고비용에 장시간을 요하는
정밀 산업에 대한 지원을 아끼지 말아야 할 것이다.

기술력의 확보를 위해서는 정부나 공공기관에서 기업의 기술력
이 확보될 수 있도록 여러 정책적인 지원을 병행해야 한다. 대기업
들은 자신들의 자본만으로 충분히 기술개발을 이룰 수 있지만, 중
소기업들은 그럴 만한 여력이 없다. 따라서 정부의 지원으로 기술
을 개발한 기업들이 자연스럽게 아웃소싱을 통해서 기술을 이전할
수 있는 체계를 만들어야 한다. 이는 기술을 이전하는 아웃소싱 공
급업체에게는 기술 지원을, 기술을 받아들이는 아웃소싱 수요업체
에게는 재정 지원을 병행하는 정책이 뒤따라야 가능할 것이다.

7.

주인의식이 필요한 아웃소싱

:: 티에스메디텍과 메디게이트

1. 웰빙시대 신개념 운동기 개발

2. 명품 전략 추구하는 세계 유일의 음파진동 운동기

3. 다른 기술과의 융합으로 새로운 기술력 확보

4. 시행착오를 줄여 주는 아웃소싱

구분	발주사	공급업체
업체명	티에스메디텍	메디게이트
주요업종	제조 – 의료기기	의료연구 및 커뮤니케이션
대표명	우철희	백수경
주소	강원도 원주시 문막읍 동화리 1642 – 5 동화첨단의료기기 산업단지 원주벤처공장 1층	서울시 강남구 도곡2동 515 – 18 석원빌딩 2층
홈페이지	www.tsmedi.com	www.medigate.net
요약	인체 내에 미세한 전류를 인입하여 측정된 체임피던스를 이용하여 체성분을 분석하는 하드웨어 및 소프트웨어 기술 전수	

1. 웰빙시대 신개념 운동기 개발

산업 고도화는 인간에게 물질적 풍요를 가져다준 반면, 정신적 여유와 안정을 앗아 간 면도 적지 않다. 현대 산업사회는 구조적으로 물질적 부를 강요하는 시스템을 가지고 있는데 이에 비해 정신적·육체적 건강은 가볍게 여기는 경향이 있다.

웰빙은 이러한 현대 산업사회의 병폐를 인식하고, 육체적, 정신적 건강의 조화를 통해 행복하고 아름다운 삶을 영위하려는 사람이 늘어나면서 나타난 새로운 삶의 문화 또는 그러한 양식을 말한다.

불과 4~5년 전만 해도 생소하게 느껴지던 웰빙이 어느새 우리 생활에 없어서는 안 될 중요한 문화로 자리 잡아 가고 있다. 더욱이 고령화와 소득수준 향상으로 건강에 대한 관심이 높아지면서 그야말로 '웰빙' 열풍이 불고 있다고 해도 과언이 아니다.

웰빙의 가장 중심에 있는 것은 바로 '건강'이다. 건강한 정신과 육체에서 웰빙이 시작되는 것이다. 그렇기 때문에 현대인은 자신의 건강을 위해 투자를 아끼지 않는다. 바쁜 시간을 쪼개 운동을 하고 웰빙 음식으로 식사하고, 첨단 제품을 이용하여 건강을 유지하고 관리한다.

이러한 여러 가지 이유로 인해 웰빙과 연관된 헬스케어 산업은 차세대 유망 사업으로 부각되고 있다. 특히 운동에 관한 관심은 남녀노소를 불문하며, 특히 비만인이나 활동량이 부족한 직장인, 재활운동이 필요한 환자 등에게는 주된 관심사이다.

이러한 욕구에 맞춰 기존 운동제품의 기능과 적용범위의 한계성을 뛰어넘어 기존에 불가능했던 운동세기의 조정, 복합진동이 아닌 수직진동이 가능한 운동기기 제품을 개발한 기업이 있다. 바로 (주)티에스메디텍이다.

(주)티에스메디텍은 본래 스피커를 전문으로 제작하던 업체였으나 현재는 음파진동 운동기를 출시해 주력 사업 분야로 선정, 헬스케어 산업의 소리 없는 강자로 발돋움하고 있다. (주)티에스메디텍 회사가 설립된 지는 2년에 불과하지만 음파진동을 접목시킨 진동 운동기, 즉 음파진동 운동기를 출시한 기간은 4년이 되어 간다. 음파진동과 운동기를 접목시켰다는 신개념으로 시장의 혁신적인 변화를 일으킨 (주)티에스메디텍은 현재 미국에도 진출하여 병원 재활 방면으로 제품의 수요가 커지고 있다.

(주)티에스메디텍은 인재경영을 최우선으로 하고 있다. 판매 마케팅 모두 맨파워에 의지하기 때문에 직원 전체의 역량을 극대화시키는 데 힘쓰고 있다. 사람을 소중히 하는 사람 중심 경영전략인 것이다. 따라서 '긍정적인 생각을 갖고 적극적, 최선을 다하며 파이팅하자'라는 사훈 역시 직원들에 대한 독려가 담겨 있다.

총 종업원 수는 12명이고 연구개발 인력으로 6명의 인원을 배치하고 있다. 벤처기업으로 성장해 2007년도 매출 10억을 달성했고 올해는 20억을 목표로 하고 있다.

현재 운동기 시장에 비슷한 유형의 운동기는 있으나 음파진동을 접목시킨 운동기는 없어 경쟁사가 없는 상황이다. 즉 음파진동 운동기는 (주)티에스메디텍만의 유일한 제품이다. 진동 운동기의 효시는 네덜란드에서 전파되었다. 현재 세계적으로 큰 관심과 성장을 보이고 있지만 중국제품 등의 저가제품이 난무해 경쟁이 치열해지기도 하였다. 이에 (주)티에스메디텍은 독보적으로 스피커 음파장으로 인한 운동기를 개발하여 다양한 제품들 사이에서 독특한 영역으로 업계를 아우르고 있다.

세계의 많은 비슷한 제품 속에서 음파장을 이용해 독특한 기술을 접목시켜 (주)티에스메디텍만의 강점을 형성해 틈새시장 공략에 성공하고 있다. (주)티에스메디텍은 최고가 제품을 추구(명품 마케팅)하고 있으며, 이러한 정책은 전 세계적으로도 동일하게 추진하고 있다.

현재 가격이 2,000만 원대의 고가임에도 불구하고 다양한 성능, 웰빙 제품 개념으로 전 세계 시장을 공략하고 있다. 다른 제품들은 모터를 사용한 진동으로 강도 등의 사용에 제한을 가져오지만 (주)티에스메디텍의 제품은 음파진동을 통해 다양한 분야에서 이용하고 있으며, 스피커 원리를 이용해 볼륨을 자유자재로 조절하듯이 세기와 파장을 자유자재로 조절함으로써 전신에 적용이 가능할 정도로 인체 적용범위가 가장 광범위하다.

또 (주)티에스메디텍의 제품은 음파를 이용하였기 때문에 친환경적이며, 자연적이고 고령 친화적인 제품이라고 할 수 있다. 시장 점유율은 세계적으로 아직 미미하다고 볼 수 있는데 그 이유는 유럽 제품들에 비해 후발주자로 시작하였고 아직 세계적인 브랜드네임을 얻지는 못했기 때문이다.

동종업체들의 비슷한 운동기는 세계적으로 많이 있지만 운동기에 음파를 접목시킨 새로운 제품은 레드오션 속에 핀 블루오션이라는 평가를 받고 있다. 향후 주력사업은 비만클리닉, 웰빙 등으로 인한 운동시장을 공략할 것이고 현재 이러한 운동시장은 효과를 크게 보고 있다. 또한 의류 방면으로도 진출할 계획이 있다.

현재 운동기는 스탠딩타입이 제일 흔하게 쓰이고 있고 많이 출시되어 있어 경쟁이 치열한데 (주)티에스메디텍은 배드타입(Bed Type)을 개발해 차별화를 두었고 앞으로 체어타입의 운동기도 출시할 예정이다.

3. 다른 기술과의 융합으로 새로운 기술력 확보

위에서 언급했듯이 (주)티에스메디텍은 스피커를 이용한 정밀한 시스템으로 레드오션에서 블루오션을 창출했다는 평가를 얻고 있다. 주파수와 진동의 세기를 정밀하게 제어해 인체 전신에 활용할 수 있으며 타사에서는 만들 수 없는 음파진동 분야에서 유일한 기술을 보유하고 있다.

'메디게이트'는 인체 내에 미세한 전류를 인입하여 측정된 체임피던스를 이용하여 체성분을 분석하는 하드웨어 및 소프트웨어 기술을 보유한 업체로 (주)티에스메디텍의 기존 기술과 '메디게이트'의 체성분분석기를 접목시켜 기존의 4개이던 정극을 8개로 두어 각 부위별로 체성분을 구분할 수 있는 제품을 개발하게 되었다. 이렇게 융합기술제품을 개발하여 시너지 효과가 가장 클 수 있도록 이 부분을 아웃소싱하고 있다.

(주)티에스메디텍은 강원도 원주에 위치한 '메디게이트'에 아웃소싱을 의뢰하고 있는데 이 제품은 기존의 인바디(체성분분석기)를 접목시킨 것이다. 기존 4개의 정극에서 8개로 세분화시켰고 진동에 대한 운동처방 프로그램을 접목하였다. 진동의 제어로 유용하게 운동기를 이용할 수 있으며 기계가 사람의 몸을 측정해 진동을 각기 다르게 적용시켜 준다.

2000년 이전에는 진동이 인체에 유해하다는 연구가 나오기도 하였으나 현재까지 연구의 결과는 인체에 해를 가하지 않는 범위 내에서 진동을 적용하면 효과적이라고 한다. 여기에 속하는 부위별 체성분분석기 역시 아웃소싱하고 있다. 체성분 분석은 체육 분야와 조금 겹치는 면이 있지만 (주)티에스메디텍의 제품을 통해 체육 분야의 한계를 극복해 주고 진동 운동기를 사용함으로써 인체의 균형발전을 극대화시킬 수 있는 기능을 가진 제품이 되는 것이다.

(주)티에스메디텍은 아웃소싱을 통해 역량, 비용 등의 이득을 예

상하였고, 제일 잘할 수 있는 것은 (주)티에스메디텍에서 하고 부족한 부분은 아웃소싱하여 자사의 일에 집중력을 높일 수 있는 효과를 얻고, 맨파워를 극대화하기 위하여 아웃소싱을 제안하고 도입하였다. 처음에는 연구진에서 제안하였고 내부 회의 결과 아웃소싱의 방향이 적합하다고 판단되어 진행하였고 지금까지 계속 유지하고 있다.

아웃소싱 도입 당시의 목표는 최상의 제품을 생산하고 매출을 극대화시키며 아웃소싱 업체도 함께 커 가면서 비즈니스 관계가 아닌 공생의 관계가 되는 것이었다. 현재 (주)티에스메디텍에서는 아웃소싱에 대한 인식은 전반적으로 긍정적으로 생각하고 있는데 그 이유는 중소기업의 한계를 극복할 수 있고 몸집을 가볍게 해 급변하는 시대 흐름에 쉽게 대처할 수 있다는 장점이 있기 때문이다.

아웃소싱 관련 업무는 중앙 연구소에서 개별적으로 추진하고 있고, 제품에 대한 소프트웨어 및 제작에 수반되는 모든 것을 중앙연구소에서 결정하고 있다.

(주)티에스메디텍의 아웃소싱 공급업체인 '메디게이트'는, 연간 30~40억의 매출을 올리고 있는 건실한 기업이다. (주)티에스메디텍의 판단에 의해 어느 정도 자산이 튼튼하고 역량이 있는 회사라고 판단하여 거래하기 시작했다. 아웃소싱을 시작한 기간은 1년 정도 되었고, 체성분 분석 시스템 이외의 기구부 업체는 자사의 설립과 동시에 아웃소싱을 하였다.

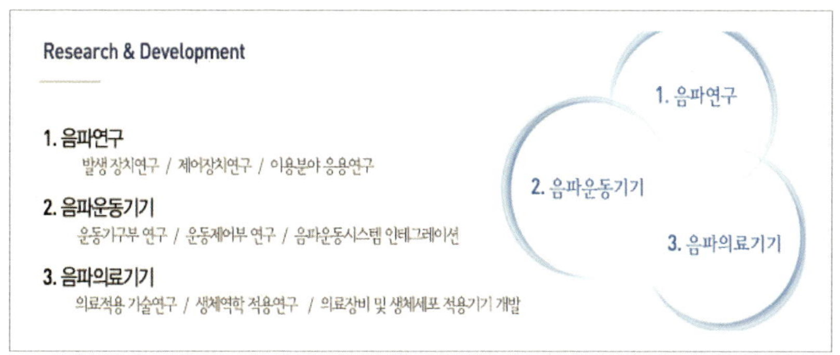

총 지출에서 아웃소싱이 차지하고 있는 부분은 약 70% 정도이며, 금액으로 따지면 3~4억 원 수준을 유지하고 있다. 또 전체 매출에서 아웃소싱은 30~40%를 차지하며 금액으로도 역시 3~4억을 차지하고 있다. 대부분 아웃소싱 업체들은 자재를 공급하고 있지만 '메디게이트' 같은 경우는 기술과 자재를 함께 공급하고 있다. 앞으로도 아웃소싱을 계속 유지할 것인데 그 이유는 제품 출시에 있어서 '메디게이트'의 기술력이 반드시 필요하기 때문이다.

아웃소싱 업체에 대한 정보습득은 (주)티에스메디텍이 원주의료기기 단지 내에 위치하고 있기 때문에 기업 간의 아웃소싱에 대한 커뮤니케이션이 원활하게 이루어지고 있으며, 접근하기가 용이하고, 테크노밸리에서 헬스케어 분야별로 20개 정도의 모임을 통해 정보를 얻는다. 또 인터넷 등의 온라인을 통해서도 정보습득이 용이하게 이루어지고 있다.

아웃소싱 업체 선정은 업체별 특성에 따라 선정하고 있는데 기술의 필요에 따라서 선택하고 입찰, 방문 등 다양한 경로로 선정하고 있다. 아웃소싱 업체와의 계약은 문제가 없으면 장기적으로 이어 나가고 재계약방식은 특별히 없고 자연스럽게 유지하고 있다.

아웃소싱 업체는 기술력과 가격 경쟁력에서 뛰어나기 때문에 선택하였고, 아웃소싱 업체에 대해 가장 중요하게 생각하는 부분은 기술력과 안정적인 납품 능력을 우선으로 꼽는다. 아웃소싱 업체를 선택하는 요인은 견적을 받아서 가장 메리트 있는 회사를 선택하고 있으며 각 아웃소싱 업체들의 성과평가는 모두 보유하고 있으며 재계약을 하지 않을 경우에는 따로 성과평가를 하고 있지 않다.

현재까지 아웃소싱에 대해서는 대체로 만족하고 있는데 그 이유는 일정수준 이상의 기술력을 보유하고 있으며 안정적으로 회사가 운영되고 있기 때문이다. 그러나 (주)티에스메디텍의 요구와 그것을 받아들이는 공급업체와 종종 커뮤니케이션에서 문제가 발생하기도 한다. 또한 물품 하자 시 대처능력이 미흡한 것은 점차 개선해 나가야 할 부분이다.

(주)티에스메디텍은 회사 설립 초기부터 아웃소싱을 시작했기 때문에 전후 평가는 불가하지만 아웃소싱으로 재정적인 이득을 크게 보고 있다고 판단하고 있다. 그 이유는 인소싱으로 업무를 수행했을 경우 인력배치, 장비 등 고정투자비용이 크지만 아웃소싱으로 인해 이러한 비용들이 대부분 절감되고 있기 때문이다.

아웃소싱을 통해 (주)티에스메디텍의 이미지에 긍정적, 부정적인 영향을 미치는 범위는 크지 않다. 아웃소싱을 의뢰한 부분은 핵심기술을 제외한 부분이고, 핵심기술은 티에스메디텍에서 모두 처리하기 때문에 역량부족 등의 이미지 훼손은 전혀 없다.

4. 시행착오를 줄여 주는 아웃소싱

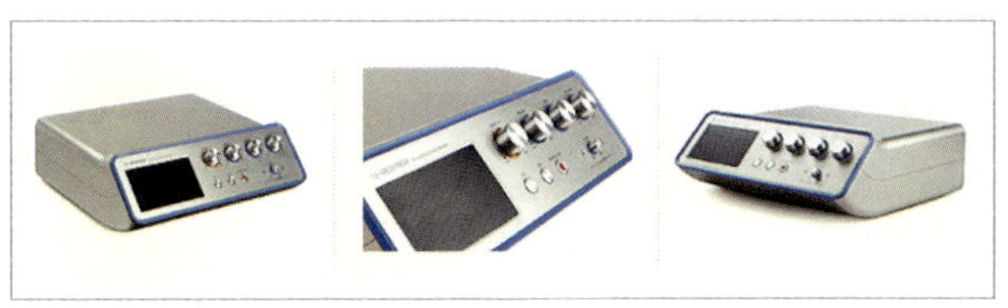

처음 아웃소싱을 진행하면서 어려웠던 점은 (주)티에스메디텍이 원하는 능력이 있는가를 파악하기가 힘들고 아웃소싱 업체의 역량이 기대 이하로 나올 경우 대처하기 어렵다는 점이었다.

하지만 아웃소싱으로 인해 부각되는 장점이 더 크다고 할 수 있다. 특히 조직 자체가 가벼워져 급변하는 사회 속에 신속한 대처능력을 가질 수 있고 기술적으로는 연구원들의 역량이 커지기 시작했다. 또한 회사제품의 완성을 위한 시간을 단축하는 데 효과를 보고 있다. 그리고 인력이 많이 필요하지 않고 반드시 필요한 인력만 채용할 수 있기 때문에 인력 운용에 효율적이고 인건비에서도 상당한 부분 절감의 효과를 얻을 수 있다.

아웃소싱의 성공요인은 무엇보다도 비용절감을 가장 먼저 꼽을 수 있고 제품의 안정화, 기술적 습득, 인력, 시간 등의 절감이 있다. 또한 시행착오도 많이 줄어들었다. 아웃소싱 노하우는 인력을 탄력적으로 운영하는 것이고 연구소직원들의 아웃소싱 전담을 통해 아웃소싱에 대해 정확하고 철저한 분석을 이루어 내는 것이다.

아웃소싱에는 장점들이 존재하지만 단점들도 역시 동반되는데 상호간의 커뮤니케이션 문제와 회사의 기술력 여부를 판단하는 데 어려움이 있고 납부기한을 넘기는 문제, 자사의 역량을 표현했으나 충분히 수행하지 못하는 어려움도 있다. 특히 아웃소싱 업체와의 신뢰가 무너지면 안 되기 때문에 양 업체 스스로 신뢰를 구축하기 위한 활동들을 부단히 수행하고 있다.

아웃소싱 공급업체가 (주)티에스메디텍과 함께 일을 하면서 맡은 업무에 대해 얼마나 주인의식을 갖고 있는지가 굉장히 중요하다. '메디게이트'의 경우 양사 간의 문제가 발생했을 때 연구진 및 대표들의 회의 및 면담 등을 통해 원활하게 해결하려고 하고 있다. 문제해결의 주체는 (주)티에스메디텍의 관리부에서 담당하고 있으며 현재 아웃소싱 공급업체에 바라는 점은 가격의 인하보다 납부 기한을 준수하고, 문제없는 제품 생산을 해 주었으면 한다고 한다.

(주)티에스메디텍은 현재 병원이나 공공기관에 기술적인 아웃소싱을 추진하려 하고 있으며 향후 제품에 들어간 운동생체역학적인 실험, 제품의 디자인 분야를 아웃소싱하려 한다. 따라서 (주)티에스메디텍 아웃소싱의 규모는 앞으로도 계속 꾸준히 늘어날 것으로 예상된다. 회사의 규모상 아웃소싱을 하지 않고 자체적으로 해결하기에는 너무 무리가 따르기 때문이다.

물론 그에 따른 경제적인 이득, 인력의 탄력적인 운영 등의 부가 이익도 필수 조건이다. 그래서 아웃소싱을 원활하게 진행하기 위해서는 전담부서가 필요하다고 생각하고 있으며 향후 아웃소싱 전담 인력의 역량을 높이는 것에도 노력할 계획이다. 다만 아웃소싱을 위한 내부 인프라는 굳이 필요치 않고 각 분야에서 실무 연구원들에 의해 아웃소싱을 선택하는 것이 바람직할 것이라는 의견이다.

아웃소싱을 하기 위해서는 업체에 대해 정확한 정보습득이 중요하며 회사의 규모, 대표이사, 실무능력 등을 파악한 후 아웃소싱을 시행해야 한다. 또 아웃소싱을 시행하게 되었을 경우에는 업체관리를 명확하게 해야 한다. 이러한 부분을 정부나 전문기관에서 적극적으로 임해 주었으면 한다.

특히 아웃소싱 제공업체에 대한 데이터베이스가 구축되거나 부문별 아웃소싱 업체 정보 사이트가 있다면 그것을 활용하는 것도 좋은 방법이다. 현재는 아웃소싱을 진행하기 위해서 대부분 주위의 소개를 받거나 직접 알아보고 다녀야 하는 불편함이 있기 마련이다.

물론 전문기관에서 특정 부분 아웃소싱 전문 업체라는 인증을 부여한다거나 아웃소싱 우량기업 선정 등을 하게 된다면 공신력 있는 판단을 할 수 있어 아웃소싱 업체 선정에 있어 중요한 지표가 될 수 있을 것이다. 하루빨리 이러한 공신력 있는 자료가 공개되어 편리하게 아웃소싱을 선정, 진행할 수 있었으면 한다.

끝으로 제품 판매를 하기 위해서는 세금을 내는데 아웃소싱 업체와의 거래 시에도 역시 세금이 붙는다. 그러므로 세금을 이중, 삼중으로 내야 하는 부담이 발생한다. 이러한 과정을 거치다 보면 가격 경쟁력에서 뒤처질 수밖에 없고 영업이익도 떨어질 수밖에 없다. 정부가 아웃소싱 업체를 부흥시키기 위한 전략을 세운다면, 이러한 세금 문제에 대한 효율적인 정책을 펼쳐야 할 것이다. 즉 최종 생산 제품이 아닌 아웃소싱에 의한 제품 중간 단계 과정은 일정 부분 세제 지원이 필요하다고 볼 수 있다.

아웃소싱 공급업체의 의견

[아웃소싱 성과]

융합기술 제품에 있어 가장 시너지가 높은 기술을 융합함은 물론 양사 간의 지리적인 근접요건과 원주혁신클러스터 추진단의 지원 등으로 직·간접적인 영향을 받아 신기술의 상품화 및 사업화를 통한 양사의 매출증대 및 사업영역 확대를 이루게 되었다.

[아웃소싱 활성화를 위한 기업적 / 정책적 기대사항]

매출증대효과가 높은 기술이전 등의 아웃소싱은 기존의 R&D 개발 지원에 있어 적극적으로 장려하여야 하는데, 정부지원 사업개발 횟수 및 규모의 확대가 필요하다. 이는 동일산업 분야의 기술네트워크 구성을 통한 효과적인 아웃소싱 업체 선정이 뒤따라야 할 것으로 판단된다.

[회사 소개]

메디게이트는 대한민국 최초의 온라인 의사 커뮤니티로서 의학/의료 네트워크의 명실상부한 중심에 서고자 설립되었다. 의사단체 홈페이지와 KMS(Knowledge Management System)를 연결, 인트라넷 구축을 통한 새로운 커뮤니티와 의학기술 발전을 위한 기여를 하고 있는 커뮤니티이자 기업으로 성장을 지속하고 있다.

8.

기술력으로 승부한다

구분	발주사
업체명	에그텍 **eggtec** (주)에그텍
주요업종	생물-계란분별기
대표명	윤택진
주소	대전광역시 대덕구 신일동 1696-7 대전제4공단 내
홈페이지	www.eggtec.com
요약	에그텍의 은나노 기술 개발 분야를 충남대학교에서 담당하였다. 에그텍은 충남대학교와의 아웃소싱을 통해 소비자의 신뢰를 확보하고 외부인들에게 긍정적 이미지를 심어줄 수 있었다.

⫸ 1. 기술력을 통한 성장

시골 외가로 모처럼 발걸음을 돌렸을 때, 할머니는 새벽녘에 씨암탉이 낳은 따뜻한 계란 하나를 내미신다. 아직 온기가 채 가시지 않은 따뜻한 계란은 열 첩 한약도 부럽지 않은 보약으로 느껴진다. 하지만 할머니 댁에 수천, 수만 마리의 씨암탉이 계란을 낳아 수천, 수만 개의 계란을 한편에 쌓아 둔 것을 상상해 본 적이 있는가? 도대체 몇 명의 인부가 있어야 그 계란들을 선별하고 포장할 수 있을까? 가뜩이나 일손이 부족한 우리네 농촌 현실을 감안했을 때 상당한 부담으로 작용될 수밖에 없다. 그렇다고 외국 장비를 수입해서 설치하기에는 너무 고가이다. (주)에그텍은 이러한 고민에서부터 출발한 기업이다.

(주)에그텍은 1986년 6월 부품소재 관련 제조기업인 대창상사라는 이름으로 설립되었다. 1999년 4월부터 2000년 3월까지 1년간 중소기업청의 중소기업 기술혁신 개발 사업에 참여해서 산·학·연 공동으로 국내 최초의 계란선별, 자동포장기를 개발함으로써 양계기계 자동화 시스템 전문 생산업체로 거듭났다. 상호도 2000년 8월 에그텍으로 변경하게 되었고, 2003년과 2005년에는 각각 유망 중소기업 지정, 수출유망 중소기업으로 지정되었으며, 그해 (주)에그텍으로 법인 전환을 했다.

(주)에그텍의 주력 생산 품목은 계란선별기, 포장시스템, 자동 세척시스템, 살균시스템, 검란시스템이다. (주)에그텍 제품의 특징은 최소한의 인력을 투입해서 최대한의 성과가 나올 수 있는 시스템

을 가졌다는 것이다. 또한 계란은 깨지기 쉽기 때문에 가장 고려하는 것이 안전성이다. (주)에그텍은 홀더식 선별장치로 계란을 정지 상태에서 선별하여 최첨단 컴퓨터에 정보를 전송하고, 계량된 계란은 고속으로 이송해서 정확하게 난좌시키는 기술을 가지고 있다. 이 선별장치는 2대를 동시에 사용할 수도 있고, 개별적으로도 사용이 가능하다. (주)에그텍은 이러한 기술력을 바탕으로 속도와 안전성을 모두 확보하고 있기 때문에 고객들한테 큰 신뢰를 받고 있다.

(주)에그텍의 직원은 모두 15명으로 구성되어 있으며, 2005년 9월에는 연구개발 전담부서를 설립하였다. 고가의 외국 기계들이 점령한 국내 양계업계에서 경쟁할 수 있는 것은 기술력이고, 이를 통한 가격 경쟁력을 확보하는 것이라고 판단한 것이다.

그동안 계란을 선별하여 포장상태까지 옮기는 기계는 대부분 외국산들이 점령하고 있었다. 이러한 국내 상황에서 (주)에그텍은 현재 기술로써 인정받아 시장 점유율을 높이고 있다. 외산 제품들을 점점 밀어내고 있는 것이다. 기술력 증진을 통해서 보다 값싸고, 안전하고, 신속한 기계를 만들고자 하는 (주)에그텍의 노력의 대가이다.

현재 (주)에그텍의 기술력은 국내에서는 독보적인 위치에 있다. 해외에서도 업계 선두주자들만이 갖고 있다는 은나노 기술은 세계 선진 4개 업체 네덜란드 - 모바, 미국 - 다이아몬드, 일본 - 라벨/교화, 대한민국 - (주)에그텍이 시장에서 선보이고 있는 신기술이다. 현재 이들 4개국 기업이 세계 시장의 80% 이상을 차지하고 있다. 양계기계 자동화 시장은 2007년 기준으로 약 4,000억 원 규모로 중국과 동남아, 중동 국가 등을 중심으로 최근 수요가 크게 증가하고 있어서 5년 내에 현 수준의 50% 이상으로 시장이 확대될 것으로 예상하고 있다.

현재 (주)에그텍은 러시아, 브라질, 중국, 인도 등지의 수출 진흥을 모색하고 있다. 비록 조류독감 등의 문제로 인해서 양계시장이 어려움을 격고 있지만, 양계업계의 전망은 밝은 편이다. 앞으로 식량난의 문제는 점점 가속화될 것이고, 곡물산업이나 돼지, 소와 같은 축산업은 제품으로 나오기까지 오랜 시간이 걸리는 데에 비해서 양계산업은 비교적 빠르고 쉽게 제품이 생산되기 때문이다.

∷ 2. 자문을 통한, 투명한 경영

(주)에그텍은 국내에서의 성공을 발판 삼아서 해외 시장까지 적극적으로 공략하고 있다. 2005년 중국 상하이, 말레이시아, 2006년 중국 북경, 2007년 태국 국제 박람회 등에 꾸준히 참가해서 제품을 선보였고, 드디어 7월에 아랍에미리트에 첫 수출을 하는 결실을 맺게 됐다. 처음엔 국내 시장에서조차 경쟁이 될까 했지만, 이젠 당당히 해외 시장에서 쟁쟁한 해외업체들과 경쟁하고 있는 것이다.

이러한 (주)에그텍의 성과는 2005년부터 현재까지 지속적인 컨설팅을 받으면서 경영 전략을 수립해 나갔기 때문에 가능했다. (주)에그텍은 회사 경영에 있어서 중대한 사항을 결정해야 할 때, CEO의 독자적인 판

단보다는 전문 경영기관(기업 등)과의 협의를 거쳐서 최선의 선택을 도출해 내는 방식을 택하고 있다. 예를 들면 2008년 5월 러시아 전시회에 참가 중에 공장을 더 확장해야 한다는 문제가 제기됐었다. 기업이 번창하여 사세를 확장하는 것은 당연하겠지만, (주)에그텍은 오히려 신중을 기했다. 독자적인 판단보다는 전문 컨설팅업체의 자문을 받기로 한 것이다. 자칫 무리한 투자가 된다면, 성장을 위한 선택이 성장의 발목을 잡을 수도 있기 때문이다. 최악의 경우, 그러한 이유로 쓰러지는 기업들도 여럿 있지 않았던가. 외부의 눈으로 필요성을 정확히 진단하고, 또 필요하다면 어느 정도까지인지도 파악하는 게 필요했다. 이것은 또한 경영에 있어서 투명성을 확보하는 계기가 되었다. 현재 (주)에그텍은, 대전시 관평동으로 공장 이전을 추진하고 있다.

(주)에그텍은 투명한 경영과 함께 모든 사람들이 공감하는 좋은 회사를 만들기 위해서 종사자들의 안정된 수입을 보장하고 일을 즐기며 재미있게 하는 것을 사훈으로 삼고 있다.

경영이념은 신앙에 바탕을 둔 전인적인 인재를 계속적으로 육성

함으로써 창의력을 극대화하여 개인의 행복과 아울러 기업의 지속적 성장을 도모하고, 끊임없이 전문 기술을 개발해 최고의 품질과 시스템을 제공하여 고객의 경쟁력을 높이는 데에 있다. (주)에그텍과 자신들의 고객 모두 세계 속에서 투명한 경영으로 공의를 실현해 감으로써 미래 사회의 발전에 공헌하는 것이 (주)에그텍의 궁극적인 목표이다.

▓ 3. 충남대학교와의 아웃소싱

현재 (주)에그텍은 다양한 분야에서 아웃소싱을 시행하고 있지만, 가장 대표적인 것은 은나노 세척기(은나노 물질 생성기) 개발 연구이다. 이 분야에 대한 연구를 충남대학교 바이오응용화학부의 배기서 교수팀이 맡고 있다.

은나노 생성기가 중요한 이유는, 불량 은나노 생성 기술을 적용해서 살균 및 멸균을 시행하게 되면 오히려 좋은 균까지 모두 없앨 위험이 있기 때문이다. 즉 적절한 강도를 갖춰야 하고, 또한 적용 분야 역시 선별적으로 택해야 한다. 이처럼 조그만 기술력의 차이로 큰 문제를 야기할 수 있는 것이 바로 은나노 생성기 기술이다.

(주)에그텍은 은나노 관련 기술을 도입하기로 한다. 국내에 진출한 해외 업체들을 이길 수 있는 유일한 방법이라고 판단한 것이다. 하지만 은나노와 관련된 기초 기술과 지식이 부족했기 때문에 쉽지 않았다. 특히나 은나노 관련 기술은 첨단 기술 중 하나이기 때

문에 원천기술을 확보하거나 연구 장비를 구입하는 것도 어려운 일이었다.

이에 (주)에그텍은 아웃소싱을 하게 된다. 관련 장비 및 기술 확보의 어려움, 전문 연구 인력 확보의 어려움, 투자의 성패에 대한 위험 부담 등을 해결할 수 있는 방법이었다. 아무리 선진 기술이라 해도 전문지식을 습득하지 않은 채 무리하게 인력을 충원하고 시설을 설치했다면, 금전적인 어려움과 함께 인력 관리의 어려움을 크게 겪을 수밖에 없었기 때문이다.

(주)에그텍의 대표 윤택진은 그래서 대학연구소의 문을 두드리게 된다. 대학의 풍부한 인력과 충분한 장비들을 활용하면, (주)에그텍이 감수해야 될 위험 부담을 상당 부분 줄일 수 있다는 것이 (주)에그텍의 생각이었다.

충남대학교는 그전부터 기계기술학과와 아웃소싱 관계를 맺고 있는 상태였다. 따라서 충남대학교에서 갖고 있는 나노기술에 대한 정보를 쉽게 얻을 수 있었다. (주)에그텍은 카이스트와도 아웃소싱을 추진하려고 했지만, 카이스트는 중소기업보다는 대기업과의 거래를 우선시하고 있었기 때문에 (주)에그텍과의 거래가 쉽지 않았다.

현재 충남대학교와는 1년 단위로 계약을 실시하고 있다. 재계약할 때에는 정부의 심사를 통해서 긍정적인 반응이 도출될 때 정부의 지원금과 (주)에그텍의 부담으로 재계약을 체결할 예정이다. (주)에그텍 내부에는 아웃소싱 공급업체를 전담하는 부서를 따로 두고 있지 않고 있다. 충남대학교 연구팀과의 업무에서는 충남대학의 조교 및 학생들의 지원을 많이 받고 있다.

충남대와의 아웃소싱 장점은 소비자의 신뢰를 확보할 수 있다는 점도 들 수 있다. 충남대학교는 충청지역에서는 가장 큰 국립대학교로서 지역 사회에서의 신망이 두터웠다. 공신력 있는 기관과 아웃소싱을 했기 때문에 소비자 및 외부인들에게 (주)에그텍의 이미지를 긍정적으로 심어 줄 수 있었다.

충남대학교와의 아웃소싱을 통한 성과를 꼽자면, 아무래도 재정적인 측면이 제일 클 것이다. 값비싼 전문 인력을 확보하고 유지하는 비용을 절감할 수 있었고, 연구 장비의 비용절감 효과도 보았다. 또한 전문성을 확보함에 따라 업무를 바라보는 시야도 넓어졌다고 할 수 있다. 이와 같은 성과를 바탕으로 (주)에그텍은 기계 개발에 더 집중할 수 있었다.

충남대학교는 국립대학교이다 보니 자금을 깨끗하게 운영하고 있다는 장점이 있다. 추가적으로 발생할 수 있는 금전적인 문제, 즉 계약금 인상이나 인센티브 등으로 인한 마찰이 없었던 것이다.

아웃소싱 공급업체가 대학이라는 점은 전문 인력을 확보할 수 있다는 측면에서 큰 장점으로 작용하고 있다. 중소기업 입장에서는 우수한 인재들을 확보하는 게 쉽지 않은 편인데, 졸업한 우수한 인재들을 쉽게 공급받을 수 있었던 것이다. 게다가 그 인력들은 이전부터 (주)에그텍과 작업을 해 왔기 때문에 (주)에그텍 내에서의 업무 적응력 또한 뛰어났다.

　(주)에그텍은 아웃소싱 담당 교수와 조교, 학생 등 아웃소싱 인력에 대해서 상당한 신뢰와 믿음을 가지고 있다. 그런 이유로 충남대학교와 큰 문제는 발생하지 않고 있다. 제품의 특허도 공동으로 출원하기 때문에 (주)에그텍과 충남대학교 간의 아웃소싱은 성공적이라고 할 수 있다.

　(주)에그텍은 충남대학교와의 아웃소싱에 있어서 한 가지 아쉬운 점을 가지고 있다. 그것은 연구가 좀 더 실용적으로 진행되었으면 하는 것이다. 아무래도 대학교의 연구소이다 보니 학문적인 성과에 집중하고, 강조하는 경우가 있다. (주)에그텍은 사기업이기 때문에 현실적이고 실용적인 연구 결과를 제시해 주길 바라고 있다. 현재 충남대학교의 은나노 기술에 대해서는 만족하고 있지만, 어느 정도 사업에 응용할 수 있는 연구에도 신경을 써 주길 바라고 있다.

　아웃소싱을 진행한다는 것은 두 개 이상의 기관 및 기업이 관계를 맺는 것이기 때문에 자연히 문제점이 발생하기 마련이다. 이러한 문제점에 대해서 각자의 입장에서 먼저 바라보고 생각하기 때문에 문제점은 더 커질 수 있다.

　충남대학교와도 이런 점이 부각될 수 있었다. 현재 충남대학교는 연구 프로그램을 담당하고 있고, (주)에그텍은 충남대학교의 성과를 바탕으로 기계 개발에 열중하고 있다. 그런데 만약 기계에 오류가 발생한다면, 그 원인을 서로 떠넘길 수 있는 소지가 있었다. 이러한 점 때문에 서로간의 의사소통이 중요하다. 서로의 장단점을 인정하면서 서로가 원하는 방향에 대해서 끊임없이 얘기하고 토론해야 한다. (주)에그텍과 충남대학교는 이와 같은 소통을 위한 과정을 현재도 진행하고 있다.

4. 아웃소싱을 통한 기술력 확보

(주)에그텍은 아웃소싱에 대해서 긍정적인 마인드를 갖고 있다. 고도의 기술력이 필요하거나 아니면 단순 노무와 같이 특징이 분명한 분야에 대해서 아웃소싱을 통해서 해결하고, (주)에그텍은 자신의 역량과 기술에 걸맞은 분야에 대해서 집중함으로로써 그 성과는 배가될 수 있었다고 생각하고 있다.

그래서 (주)에그텍은 아웃소싱을 단순한 비용이나 인력 절감으로만 활용하는 게 아니라 궁극적으로는 높은 경쟁력을 확보할 수 있는 수단으로 여기고 있다. 이러한 생각은 국내 시장에서 일본의 '교와 기계종합회사'와의 경쟁을 통해서 더 확신을 가지게 됐다. 그전까지는 국내 시장에서조차 '교와사'한테 열세를 면치 못했으나, (주)에그텍은 아웃소싱을 통한 기술력으로 저렴한 가격과 우수한 품질의 제품을 생산해 냈고, (주)에그텍의 제품들은 점차 국내 시장을 장악하게 된다. 현재 '교와사'의 제품은 국내로 전혀 수입되지 않고 있다.

(주)에그텍은 아웃소싱을 통해서 첨단자동화기계까지 보유함으로써 국제 시장에서도 세계 5위 정도의 수준까지 올라섰다. 기술력도

뛰어나고 가격 경쟁
력을 갖춘 업체로서
세계 시장에서 인정
받고 있는 것이다. (주)
에그텍의 브랜드 가
치도 덩달아 상승하
고 있다.

충남대학교와 아웃소싱 관계를 맺기 시작한 기간은 1년 정도 지났다. 앞으로도 은나노 생성기 관련 기술을 계속 발전시킬 것이며, 또한 기계화하기 위해서 아웃소싱을 꾸준히 유지할 것이다.

(주)에그텍은 최근에 계란의 색(백색란, 갈색란 등 다양한 계란색)에 따라서, 또 혈란을 선별할 수 있는 기술에 관심이 많다. 이 분야에 대한 연구를 아웃소싱을 통해서 지속적으로 할 계획이다. 앞으로 아웃소싱의 규모는 자사 매출의 약 30% 정도를 차지할 것으로 예상하고 있다. 그리고 조류독감과 같은 예기치 못한 문제점이 발생할 경우 매출이 크게 줄 수도 있다. 이러한 위기관리에도 더 집중하면서 아웃소싱을 이어 갈 예정이다.

5. 내실을 공고히 하기 위한 아웃소싱 확대

(주)에그텍은 부품, 인가공 등 50여 개의 분야에서 아웃소싱을 진행하고 있다. (주)에그텍은 앞으로도 기술력을 확보할 수 있는 분

야 이외에도 아웃소싱 분야를 더 확대할 계획이다. 기술력 못지않게 선택과 집중하는 것도 중요하기 때문이다. 외부 역량으로 가능한 것은 과감하게 외부로 돌리고, 내부의 역량을 극대화시켜서 기계 개발과 같은 분야에 집중하기 위해서이다. 앞으로의 경쟁은 기술력에 달려 있다.

아웃소싱의 확대로 부가가치 창출이 떨어질 수는 있지만, 회사의 규모를 쉽게 키울 수 있다는 점도 장점으로 활용할 수 있다.

(주)에그텍은 아웃소싱에 있어서 가장 중요한 점을 상호간의 신뢰로 꼽았다. 업체의 능력, 기술력, 역량 등을 신뢰해야 하는 것은 물론이거니와 업체 간의 노하우를 투명하게 공개해서 업무를 효율적으로 수행할 수 있어야 할 것이다. 규칙적인 공급 및 수요를 꾸준하게 유지하고, 제품의 납입기한과 같은 약속을 잘 지키는 것도 신뢰를 구축할 수 있는 방법일 것이다. 공급업체와 수요업체 사이의 원활한 커뮤니케이션 시스템이 구축되어 있다면 그 아웃소싱은 성공적이라 할 수 있다.

아웃소싱 산업을 활성화시키기 위해서는 지역별로 신뢰 및 정보의 공동화 체제를 구축하거나 아웃소싱 업체들과의 친선모임 등의 인프라를 가지는 것도 좋은 방법이라 생각한다. 또한 정부는 아웃소싱 공급업체와의 거래 시 대금결제보장 등의 지원 및 정책을 통해서 아웃소싱을 활성화시키는 데에 직접적인 도움을 주어야 할 것이다.

아웃소싱을 활용한 기술개발, 그리고 도약

9.

:: 대한석탄공사와 (주)하이드로메틱스

1. 석탄의 위상과 함께한 대한석탄공사

2. 단기적인 이익보다 장기적인 공공 기능의 역할

3. 아웃소싱 업체는 공정한 심사를 기준으로

4. 업무 효과로 보여 주는 신뢰는 공사의 발전으로 이어진다

5. 객관적인 평가 매뉴얼을 기반으로 한 업체 선정

구분	발주사	공급업체
업체명	대한석탄공사 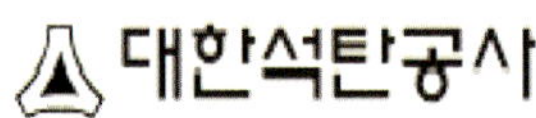	
주요업종	공공기관 – 광산개발촉진, 석탄가공, 생산, 판매 및 부대산업 지원	유공압 기계, 자동화기계, 건설 및 광산용 기계장비 외
대표명	조관일	이영기
주소	경기도 의정부시 신흥로 166 (의정부2동 501 – 1)	대전광역시 유성구 탑립동 924
홈페이지	www.kocoal.or.kr	www.biem.co.kr
요약	대한석탄공사의 소형석탄 채굴장비의 개발 및 유압식 채탄장비개발을 (주)하이드로메틱스에서 담당하였다.	

1. 석탄의 위상과 함께한 대한석탄공사

산업혁명 이후 인류가 한 단계 진보한 삶을 살아갈 수 있는 길을 열어 준 연료는 석탄이었다. 석유 사용이 본격화된 80년대 이전까지 석탄은 인류가 가장 손쉽게 사용할 수 있는 자원이었다.

하지만 석유에 비해서 취급이 불편하고 부산물(재)의 처리 문제가 부각되면서 석탄의 입지는 점점 좁아져 갔다. 최근 들어서는 지구 온난화 이슈가 부각되면서 이산화탄소를 배출하는 석탄은 천덕꾸러기 취급을 받고, 대신에 무공해 연료인 태양열, 풍력 등의 자원에 대한 관심이 높아지고 있다. 인류를 위해 100년 이상 자신의 몸을 태워 희생한 석탄에게 다소 가혹한 취급이 될 수 있다.

그렇다고 해도 석탄은 우리 곁을 완전히 떠난 것이 아니다. 여전히 화력발전과 일부 저소득 계층의 소중한 연료로 사용되고 있다. 특히 고유가의 끝이 어디인지 알 수 없었던 2008년 초에는 상당수 사람들이 다시 석탄 연료를 찾는 현상까지 발생하였다. 언젠가는 무공해 천연연료에 자신의 자리를 내어 줄 운명의 석탄이지만, 아직까지 우리 곁에서 얼마 남지 않은 자신의 마지막 임무를 수행 중에 있다.

이제 우리 주위에서 석탄 제품을 생산하고자 하는 기업을 찾는 건 쉽지 않다. 국내의 경우 석탄 채굴을 위해서는 지하로 긴 터널을 뚫어야 하기 때문에 많은 생산비가 들어 채산성이 맞지 않기 때문이다. 이러한 채산성의 문제로 민간 기업들은 대부분 시장에서 철수했다. 그렇긴 해도 석탄은 연료로서 또는 화학제품 원재료로서의 가치가 소멸한 것은 아니다. 석탄 산업이 사양 산업이긴 하지만, 아직까지 석탄이 필요한 곳이 있다는 얘기이다. 결국 석탄을 생산하는 일은 공공 분야에서 이루어질 수밖에 없다. 이러한 석탄 관련 사업을 지속적으로 펼치고 있는 공공기관이 대한석탄공사이다.

우리나라는 해방 이후, 산업시설의 개발에 앞서 자원난, 에너지 문제로 인한 어려움 타개를 우선시하였다. 그래서 경제 부흥, 민생 안정을 위한 에너지원의 확보를 위해 현재의 대한석탄공사를 설립하게 되었다. 대한석탄공사는 기존에 있던 광산을 앞선 기술력을 활용하여 채굴하는 등 석탄 채굴 관련 전문가를 확보하는 일을 주도하였다.

대한석탄공사의 설립 목적은 석탄 채굴을 통한 국민 생활의 안정과 국가의 발전이었다. 이후 석탄분석, 기술훈련원을 통한 인력 양성, 장작연료의 전환(나무에서 석탄으로) 등의 업무도 본격적으로 시작하게 되었다. 1960년대 민영탄광을 개발하는 데 있어 대한석탄공사가 인력 및 기술력을 지원해 주었고, 이는 민영탄광이 원활한 성장을 이룰 수 있는 큰 원동력으로 작용하였다.

따라서 이때 대한석탄공사의 몸집이 매우 커졌었는데, 정부에서 공공 기업의 몸집이 커지는 것을 방지하기 위해서 기능을 축소하고 업무를 분산시키게 되면서 대한석탄공사의 규모는 점점 줄어들게 되었다.

▓ 2. 단기적인 이익보다 장기적인 공공 기능의 역할

대한석탄공사는 법에 근거하여 1950년에 설립되었다. 설립 당시 공기업 형태가 아니라 정부의 기관 형태로 설립되었다. 1961년 민영탄광 개발을 지원하였으며, 1969년 장성 제1수갱 준공, 1983년 석탄 비축사업을 개시하였고, 1985년 장성 제2수갱 준공 및 제1수갱을 연장하면서 1988년 석탄 최대생산을 기록하였다. 1991년에는 자본금을 증자하였고, 1989~1994년 6개 탄광을 매각 또는 폐광하게 되었다. 1998년에는 1차 경영혁신계획을 수립 및 추진하였으나, 지속적인 석탄 수요 감소로 인해서 2004년에 2차 경영혁신계획을 수립 및 추진하였다. 2007년 생산 1,382천 톤으로 누계 생산 1억 8천만 톤을 달성하였으며, 2008년 8월 현재 888천 톤을 생산하였다.

대한석탄공사는 총 2,127명의 직원들이 종사하고 있다. 직원들 중 95%가 광업소에서 석탄 생산에 종사하고 있다. 1989년 석탄산업 합리화 정책이 시행된 이후 석탄 생산량은 축소되었다. 2007년 기준, 7개 탄광에서 289만 톤을 생산했다. 대한석탄공사는 3개 탄광에서 전국 생산량 기준 48%를 생산하고 있다.

석탄의 수요는 도시가스 보급 확대 등으로 2004년 389만 톤까지 감소하는 위기를 겪었으나, 고유가의 영향으로 연탄소비가 급증하여 425만 톤으로 증가하는 현상이 나타나기도 하였다. 대한석탄공사의 연매출은 2005년까지 꾸준히 증가해서 2천억 원 수준에 이르렀다. 그러나 2006년에 잠시 증가세가 주춤하다 2007년 들어 다시 2천억 원대의 매출액으로 올라섰다.

대한석탄공사의 문제점은 급변하는 사회 속에서 적극 대처하지 못했다는 점이다. 대한석탄공사는 산업 사이클에 따라 석유의 전환으로 위기를 맞이하였다. 석유파동으로 다시 기회를 잡았지만, 다시 가스의 사용으로 인해 존립기반 자체가 흔들리기도 했다.

대한석탄공사는 석탄에 대해 독점기업이 아니기 때문에 민영탄광과 모든 조건에서 동일하게 경쟁을 해 왔다. 공기업이라는 특혜 없이 어려운 상황을 지속해 왔지만, 현재는 30년 정도 명맥을 유지하던 민영탄광이 없어지고 대한석탄공사만이 60여 년 이상을 유지하고 있는 상황에 놓였다.

다른 분야에 전혀 투자하지 않고 석탄 산업에만 집중하여 단기적 이익의 극대화가 아닌 국가 정책적인 관점에서 수급 안정을 통한 공공 기능을 강화하고, 장기적인 안목으로 투자 및 개발해 왔기 때문에 현재까지 그 자리를 지킬 수 있었다.

국내에서의 석탄 채굴은 대부분 심광 채굴로 이루어지고 있다. 심광 채굴의 기술력은 대한석탄공사의 핵심 기술로 해당 분야에서는 공사와 견줄 만한 기업이 없다. 또 석탄의 시험분석 및 타 용도의 전환 사용에 대한 기술력과 체계 역시 대한석탄공사에서 틀을 만들어 놓은 성과도 있었고, 이는 대한석탄공사의 경쟁력으로 작용해 왔다.

대한석탄공사의 경영전략으로는 크게 두 가지가 있는데, 주로 공기능 위주의 측면에서 전략을 수립하였다. 원가에서는 민영탄광의 가격 경쟁력을 따라갈 수 없지만, 대한석탄공사의 기술적인 역량을 가지고 국내 생산을 계속 유지하고 있다. 현재 국가가 필요로 하는 석탄의 양을 꾸준히 유지하면서 석탄의 개발 및 활용에 집중하고 있으며, 석탄자원의 해외개발계획도 진행 중이다. 대한석탄공사는 석탄광산의 개발촉진과 석탄의 생산, 가공, 판매 및 석탄 수급의 안정을 통한 국민생활의 안정과 공공복리 증진에 기여하고자 했던 설립목적을 충분히 달성했다고 평가하고 있다.

3. 아웃소싱 업체는 공정한 심사를 기준으로

대한석탄공사는 현재 채탄장비 기계화 분야(채탄체중기 - 진동소형포크레인)에서 아웃소싱을 실시하고 있다. 이 장비는 현재 기술력을 인정받아서 2008년 4월 16일자로 특허를 받았으며, 특허번호는 10 - 0824512호이다. 정부구매 조건사업으로 채탄체중기를 개발해서 사용하고 있다.

처음 아웃소싱을 제안한 사람은 관계부서의 팀장이었다. 채탄 업무의 효율성을 높일 수 있는 방안으로 채탄장비 기계화에 관한 기술개발 아웃소싱을 제안한 것이다. 우선 결과적으로 보자면 채탄장비 기계화에 관한 기술개발 아웃소싱으로 인해서 기존보다 25% 정도 업무 효율성이 향상되었다. 또한 정부의 자금 지원을 통해서 사업을 수행할 때 파트너로 국내 중소기업을 선택했기 때문에, 국내 중소기업의 기술력을 향상시켰다고 볼 수 있다. 또한 장비와 기술의 국산화를 통해서 외화절감 효과도 볼 수 있었다. 채탄장비 기술개발 분야 아웃소싱에 대한 사업비는 정부에서 75%를 지원했고, 대한석탄공사에서 25%를 부담하는 방식으로 진행되었다.

아웃소싱의 도입으로 채탄장비의 기계화가 가능해졌다. 또한 아웃소싱 도입 본연의 목적인 채탄능률의 효율성 향상을 달성하기 위해 최선의 노력을 기울여 왔다. 그 결과

만족할 만한 성과를 거두게 되었다. 임원진에서는 작업 능률이 기대 이상으로 높아져서 아웃소싱에 대해서 긍정적으로 생각하게 되었고, 직원들도 업무효과 증대로 임금이 향상되어서 이들 역시 아웃소싱에 대해서 만족하고 있다.

현재 아웃소싱 기획 및 추진을 담당하고 있는 부서는 기술지원팀이다. 현재 아웃소싱 공급업체는 대전 대덕단지에 위치한 중소기업 '하이드로매틱스'로, 아웃소싱 분야는 채탄체중기(전동식 소형포크레인) 관련 분야이다. 2005년 11월부터 아웃소싱을 시작해서 현재까지 이어지고 있는데, 전체 채탄장비기계화 아웃소싱 분야에서 약 10% 정도 비중을 차지하고 있다.

이 분야에서는 계속적으로 아웃소싱을 유지할 것이다. 그 이유는

아웃소싱을 통해 작업 능률이 향상되었고, 또 아웃소싱 비용 이상의 이익을 달성하고 있기 때문이다.

초창기에는 채탄체중기 관련 기술이 국내에 없었기 때문에 대한석탄공사는 어쩔 수 없이 외국장비를 들여와서 사용했다. 그러나 도입 비용이 너무 많이 소요되는 문제점이 나타났다. 이러한 비용 지출 문제, 특히 외화지출의 문제까지 논의되게 되었다. 따라서 이러한 문제 해결책으로 정부의 재정 지원을 통해 채탄장비 기술개발 아웃소싱을 진행하였고, 이를 통해 개발된 국산장비를 사용할 수 있게 되었다. 단순히 비용 지출 측면에서만 50% 정도의 절감효과가 나타났다. 해외장비 수입을 단절하게 되어 외화 지출 문제도 어느 정도 해결하게 된 것이다. 즉 기술개발 아웃소싱을 통해 일석이조의 효과를 거둔 것이다.

국산장비의 생산 및 개발을 위해서는 일단 중소기업청에 개발할 장비에 대한 정보를 제공하여 공급업체를 수소문하였다. 그러면 여러 업체에서 지원을 하게 된다. 채탄체중기 관련 아웃소싱 공급업체를 선정할 때는 관련 분야의 5~6개의 업체들이 경쟁하였다. 각 업체는 업체만의 장점을 강조한 설명회를 가지게 되었다.

그러면 중기청, 산업개발원, 대학교수, 대한석탄공사의 임원진들로 구성된 위원들은 공정한 심사를 통해서 각 업체를 냉정하게 평가하였고, 그중에서 가장 높은 점수를 얻은 업체를 선정하였다. 그 업체가 바로 하이드로매틱스였다. 하이드로매틱스는 기술력과 전문성에서 가장 좋은 점수를 받았다. 하이드로매틱스는 유압장비를 전문으로 개발하는 업체로서, 대한석탄공사가 원하는 장비를 개발할 수 있는 기술력을 갖추었다는 장점이 크게 작용한 것이다.

이와 같은 방식으로 업체가 선정되면, 대한석탄공사가 공동으로 기술개발이나 장비개발을 진행하게 된다. 대한석탄공사는 아웃소싱 공급회사와의 계약을 2년 단위의 수의계약으로 진행하고 있다.

대한석탄공사는 아웃소싱 업체를 객관적으로 평가할 수 있는 평가 매뉴얼을 보유하고 있다. 핵심 평가요소는 크게 현장평가와 경영평가로 구성되어 있다. 현장평가는 개발여건, 개발과제, 기술개발수행능력 및 방법 채점을 통해 총점 70점을 만점으로 구성되어 있으며, 경영평가는 재무구조의 건전성, 경영자의 사업비전을 통합해 30점 만점으로 구성되어 있다. 현장평가와 경영평가를 더하면 100점 만점(70+30=100)이 되고 이 점수가 평가 점수의 최대치이다.

비교적 꼼꼼하게 업체에 대한 평가가 이루어지고 있지만, 이것은 처음 업체를 선정할 때와 재계약할 때 다르게 이용된다. 최초 업체 선정할 때는 평가 매뉴얼을 100% 활용하지만, 재계약할 때는 100% 반영하지 않고 있다. 평가 매뉴얼로는 점수가 낮을 수 있지만, 실제 기업적인 성과, 즉 업무의 효율성이 25% 이상 향상 됐다든가 매출이 25% 이상 늘어났다든가 하는 측면에서는 높을 수가 있기 때문이다. 이럴 경우는 기업적인 성과를 반영하는 것이 더 효과적이다. 때문에 대한석탄공사는 유연성을 발휘해서 평가 매뉴얼을 적절한 범위 내에서 활용하고 있다.

4. 업무 효과로 보여 주는 신뢰는 공사의 발전으로 이어진다

대한석탄공사는 아웃소싱에 대해서 상당히 높게 평가하고 있다. 그전까지 사람이 해야 했던 일들을 새로 개발된 기계가 하기 때문에 채탄 업무의 효율성이 25% 이상 향상되었다. 이로 인해서 채탄량이 증가하였고, 이는 곧 매출 증가로 이어졌다. 인건비도 크게 절감되었고, 동시에 위험했던 작업장 환경도 개선하는 효과를 보게 되었다. 또 인력으로 했을 경우는 그 작업량을 일정 수준으로 유지하는 게 어려웠는데, 장비의 기계화를 통해서 작업이 일률적인 정시성을 갖춤으로써 꾸준한 생산량을 확보할 수 있었다.

최초 장비의 기계화 계획을 수립했을 때 기대했던 성과를 그대로 내주고 있기 때문에 아웃소싱에 대해서 긍정적으로 생각할 수밖에 없다.

아웃소싱은 인력 관리적 측면에서도 긍정적인 효과를 내고 있다. 기계의 도입으로 인해서 남는 인력을 다른 사업 분야로 전환시킬 수 있었는데, 인력 운용을 탄력적으로 할 수 있게 된 것이다. 이로써 다른 분야의 업무도 동시에 발전할 수 있게 된다.

이러한 장점에도 불구하고 대한석탄공사는 아웃소싱을 하면서 한 가지 고민을 하게 된다. 비용적인 면에서 문제가 발생한 것이다. 하이드로매틱스 측에서 제시한 원가산출이 높아서 계약금이 예상했던 것 이상이었다. 대한석탄공사는 원가산출 전문기관에 의뢰해서 원가를 정확하게 산출해서 제시하게 되었다. 이 금액 역시 대한

석탄공사의 예상 밖으로 높았지만, 전문기관에서 합리적으로 산출한 것이라서 그대로 제시하였다. 하지만 하이드로매틱스 입장에 보자면, 기대에 못 미치는 금액이었다. 결국 쌍방 간의 협의와 회의를 통해서 금액을 재조정하는 어려움을 겪었다.

비용 문제로 실랑이가 있긴 했지만, 하이드로매틱스의 연구 인력 역량과 기술은 국내 최고 수준으로 평가하고 있다. 하이드로매틱스의 직원들도 애사심과 기술에 대한 자부심이 굉장해서 업무처리에 있어서 확실하다. 때문에 하이드로매틱스에 대한 대한석탄공사의 신뢰도는 높은 편이다.

현재 대한석탄공사는 부품 조달가를 현재와 같이 적정하게 유지하면서 하이드로매틱스와 관계를 지속해 나갈 계획이다. 그리고 기술력이 가미된 제품이더라도 점차적으로 현 시장에 나와 있는 유사제품들과 비슷한 수준으로 가격이 맞춰지기를 기대하고 있다. 대한석탄공사는 정부 투자 공기업으로서 재정에 있어서는 일정 부분 한계를 가질 수밖에 없기 때문에 비용 문제에 대해서는 매우 민감할 수밖에 없다.

5. 객관적인 평가 매뉴얼을 기반으로 한 업체 선정

대한석탄공사는 장비 분야에 대한 아웃소싱을 더 강화해서 추진할 계획을 가지고 있다. 장비의 기계화는 채탄체중기와 같이 대한석탄공사의 매출을 향상시키기 때문이다. 현재 LED, 드릴 등의 장비 분야에서 진행할 예정이다. 그리고 현재는 록카쇼벨(ROCKER SHOVEL)* 규격에 맞는 장비개발 분야에서 새롭게 아웃소싱을 추진하려고 한다.

대한석탄공사는 여러 분야에서 지속적으로 아웃소싱을 추진할 계획을 가지고 있기 때문에 향후 대한석탄공사의 아웃소싱의 규모는 커질 것이다. 이렇게 개발된 장비는 민간 기업에 재임대하는 방식 등으로 장비의 효율성을 높일 수도 있다. 즉 아웃소싱으로 인해서 국내 석탄산업 전체가 효과를 볼 수 있는 성과 창출이 가능한 것이다.

대한석탄공사는 아웃소싱 업체를 선정할 때 객관적인 평가 매뉴얼을 기준으로 아주 면밀한 평가를 해야 한다고 강조하고 있다. 그 이유는 규격화된 매뉴얼에 의한 평가가 아웃소싱 실패 확률을 줄일 수 있기 때문이다. 이러한 평가를 할 때 서류심사로 만족하지 말고 실제 현장을 방문해서 심사를 하는 등의 수고를 해야 할 것이다.

마지막으로 아웃소싱이 활성화되기 위해서는 국내 중소기업의 기술력 향상이 꼭 필요하며, 이는 정부와 유관기관이 지속적인 지원을 해야 할 것이다.

---

* 이 규격은 광산 갱내에서 압축공기로 구동되어 굴진 경석을 능률적으로 광차에 적재할 수 있는 것으로 최신 설계된 표준규격품에 대하여 규정하고 있음.

아웃소싱 공급업체의 의견

2005년부터 개발을 시작하여 2006년 장비개발 완료 후 2007년부터 장비를 판매
하여 당사 보유기술 향상과 매출액 향상에 기여한다.

- 많은 예산을 들여 개발에 성공한 장비가 현장에 적극 활용하는 방안을 마련
  한다.
- 구매기관에서 장비 구입을 원활히 할 수 있도록 정책적인 배려가 필요하다.

당사는 대전광역시 대덕테크노밸리에 입주한 벤처기업으로서 종업원 30인이며,
유공압 부품, 건설 광산용 기계, 자동화 기계 등의 사업을 영위하고 있는 회사이다.
INNO-BIZ, 벤처기업, 부품소재전문기업, 중소기업청 성능인증(EPC), 지식
경제부 신뢰성인증(R), ISO 9001 등을 획득하고 있으며, 대전광역시 유망중
소기업으로 선정되었다.

서로의 역할을 존중하는 소중한 동반자 관계 10.

:: PN TELECOM과 가디스디자인

1. 작지만 경쟁력이 강한 제품으로 승부한다

2. PN Telecom의 차별화 전략은 남들과는 다른 기술의 적용

3. 디자인을 통해 가치의 옷을 입다

4. 앞으로도 이어질 동반자의 길

5. 기업 실익을 위한 정부의 역할은 공정한 평가를 통한 지원

구분	발주사	공급업체
	PN TELECOM	가디스디자인
업체명		goddess
주요업종	제조업-휴대전화 응용 주변기기	제품 디자인
대표명	박윤	한인석
주소	경기 성남시 중원구 상대원동 440번지 선일테크노피아 707호	경기도 부천시 소사구 송내동 319-7 3층
홈페이지	www.pntelecom.co.kr	www.designgoddess.co.kr
요약		연구개발 프로젝트를 통한 양산관련 콘셉트 디자인 및 양산제품 디자인, 그래픽디자인을 담당하였다.

1. 작지만 경쟁력이 강한 제품으로 승부한다

휴대용 전자기기라고 불리는 휴대전화, MP3 플레이어, PMP 등 IT 기술의 산물들은 어느덧 우리가 길거리를 걸을 때, 자동차나 지하철을 탈 때, 심지어 집 안에 있을 때도 항상 손을 점령하고 있다.

기술의 진보와 함께 경쟁적으로 크기가 점점 작아지는 휴대용 전자기기들은 오히려 그 작은 크기 때문에 한정된 용도로밖에 사용될 수 없는 운명에 처하기도 한다. 2인치에 불구한 화면과 한자리수 W(와트)의 음성출력으로는, 6백만 불의 눈과 귀를 가진 사람이라면 모를까, 사람들을 만족시키는 데에는 한계를 가질 수밖에 없다.

이러한 한계를 극복하기 위해서 휴대용 전자기기들은 여러 가지의 부가장치를 이용한다. 첨단 기술의 총애를 한 몸에 받고 있는 휴대용 전자기기들은 자신을 더 돋보이게 만들어 줄 조력자를 기다리며 점점 더 몸집 줄이기에 열중하고 있다.

이러한 조력자 역할을 자처하고 나선 것이 PN Telecom의 제품들이다. 휴대용 전자기기의 부족한 기능을 채워 주는 응용 Solution 전문기업으로서, PN Telecom은 특정 기능으로 특화된 기기를 다른 기기들과 접목할 수 있게 해주는 역할을 수행하고 있다. 완벽한 멀티미디어 세상을 열어 주고 있는 것이다.

PN Telecom의 박윤 대표는 한국통신에서 100% 출자한 KITI라는 업체에 다니면서 휴대 전자기기에 대한 경험을 쌓게 된다. 당시 유선전화는 이동통신과의 경쟁에서 버거워할 때였다. 유선전화의 기능이 한정되어 있기 때문에 활로를 찾기 위해서 분주히 움직이고 있던 터라 대표가 원하고 있던 새로움을 가져다주기에 충분하였다. KITI는 행정전산망만 구축 전담하는 업체로, 박 대표는 KITI

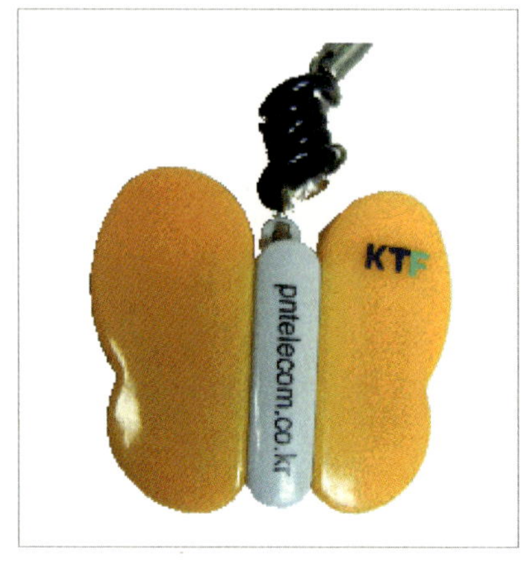

공채 1기 기술자로 입사하였다.

처음 통신 관련 업무를 배우면서 다양한 세상을 접하게 된 대표는 KITI가 시장에서 어느 정도 자리 잡기 시작한 1998년도에 명예퇴사를 신청하게 된다.

명예퇴사 이후 박 대표는 한 차례의 사업 실패경험을 통해서 새로움에 대한 인식을 사업적으로 전환하게 된다. 즉 완전히 새로운 것보다는 기존의 틀에서 새로움을 첨가하거나 방향을 조금 틀어 주는 것이 사업적으로 실패의 확률을 줄여 줄 수 있다는 것을 깨닫게 된 것이다. 완전히 새로운 것은 소비자들을 이해시키고, 설득시키는 작업을 병행해야 하지만, 작은 첨가나 변화에서 오는 새로움은 소비자를 이해시킬 필요는 없다. 다만 제품을 선택하도록 설득시키기만 하면 된다.

그래서 선택한 사업이 기존의 휴대 전자기기에 사용하는 응용 Solution이었다. 기존의 형식에 새로운 아이디어를 가미해서 응용력을 높이면, 더 높은 부가가치를 창출하는 분야였다. 특히, 이전에 통신회사에 몸담았기 때문에 통신기기의 응용 Solution 분야에 대한 경험도 풍부했고, 또한 인적 인프라를 통해서 정보를 쉽게 습득할 수 있었다.

2002년, 드디어 PN Telecom을 설립하게 된다. 물론 운영 초기에는 어려움이 따르리라 충분히 예상하고 있었다. 하지만 이전과는 달리 기존의 사업을 활용하는 것이었기 때문에 어느 정도 자신이 있었다. 이동통신사들이 급격한 성장가도를 달리고 있었기 때문에 휴대전화뿐만 아니라 휴대폰의 주변기기들 또한 발전가능성이 높을 거라는 확신을 가졌다.

▦ 2. PN Telecom의 차별화 전략은 남들과는
다른 기술의 적용

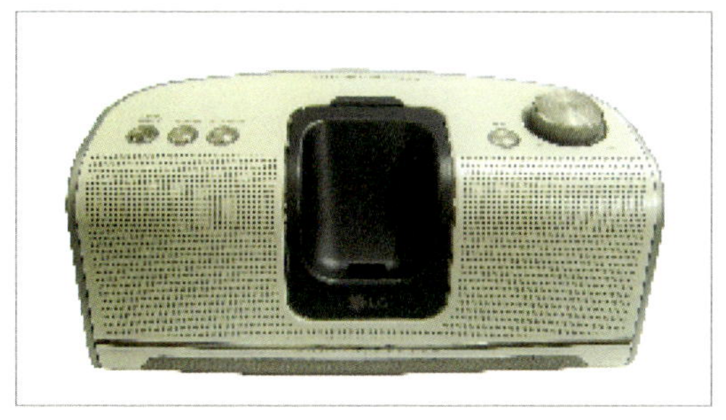

PN Telecom의 주요 사업 분야는 핸드폰 응용기기 제작이다. 아직은 자체 브랜드가 아닌 OEM 방식으로 판매되고 있다. 3대 통신회사 등 휴대전화 통신 기업에 납품을 하는 방식인 것이다. 종업원 수는 총 20명이며, 중국 현지 공장의 생산인력까지 포함하면 80명 정도이다. 2007년 매출액은 40억 원이었고, 2008년 60억 원 정도로 예상하고 있을 정도로 급격하게 성장하고 있는 중이다.

PN Telecom과 같이 휴대폰 응용 주변기기를 만드는 업체가 국내에 일부 있기는 하지만, 주요 제품들이 무료로 제공되는 경우가 대부분이기 때문에 산업 자체가 활성화되었거나 많은 업체가 운영되고 있는 것은 아니다. 하지만 외국의 경우는 국내와는 다르다.

국내와 외국의 가장 큰 차이점이라고 하면 국내는 본 기기를 사면 기프트 아이템을 제공하지만 외국의 경우는 본 기기 이외에 다양한 부가 장비(장치)들을 개별적으로 구매해야 한다. PN Telecom이 벤치마킹하고 있는 외국의 경우 시장에서 무료로 제공하는 기프트 아이템이 거의 없다.

따라서 이러한 응용주변기기 제품을 생산하는 산업은 국내에 비해 외국이 활성화될 수밖에 없다. 현재 PN Telecom의 매출에서 수출이 차지하는 비중은 높지 않다. 수출을 하더라도 대부분 휴대 통신사를 통해서 수출된다.

PN Telecom은 자신들의 제품이 일반적이지 않다는 것에 큰 자부심을 가지고 있다. 즉 누구나 만들어 내는 제품이 아니라는 것이다. 중국에서 주로 생산하는 충전기와 같은 제품은 아예 사업 분야에 포함시키지 않고 있다. 일반적인 데이터 케이블 제품과 같은 기능을 포함하고 있지만, 여기에 차별화된 충전기능과 같은 응용기술을 접목한 것이다. PN Telecom의 제품은 현재 국내 특허를 가지고 있으며, 미국 특허까지 출원된, 기술력이 보장된 제품이다.

PN Telecom의 제품들은 주로 아이디어 제품들인데, 똑같은 충전기를 생산한다고 하더라도 PN Telecom의 제품은, USB 어댑터를 연결했을 때 PC에서 USB 어댑터를 자동으로 인식하게 해서 높은 전압으로 급속충전이 가능한 기능을 갖추고 있다. 고유의 기능인 충전을 자체 인식을 통한 급속충전이라는 방식으로 기술력이 겸비된 제품을 출시하고 있는 것이다.

PN Telecom이 일반적인 충전기를 생산하지 않는 이유는 확고한

경영 전략에서 기인한다. 범용성이 있는 제품에 대한 제조를 하지 않고 있는데, 이는 기피한다기보다 영업이익이 낮은 분야이기 때문에 상대적으로 집중하지 않고 있는 것이다. 매출만 높고 영업이익이 낮은 사업은 과감히 포기하는 것이 PN Telecom의 전략이다. 이러한 이유로 PN Telecom의 영업이익률은 상당히 높다. 특히 현재의 차별화 전략을 유지해서 저가의 외국산 제품과 경쟁할 아이템은 애초부터 하지 않을 생각을 갖고 있다.

PN Telecom은 OEM 체제에서 변화를 시도해서 내년에는 자체 브랜드로 제품을 출시할 예정이다. 자체 브랜드로 해외 시장에 진출할 계획을 갖고 있는데, 향후에는 국내 시장보다는 해외 시장이 더 유망하다고 보고 있다.

그 방편으로 해외 각종 전시회를 통해서 PN Telecom을 알리는 데에 노력하고 있으며, 얼마 전에는 홍콩과 베이징에서 있었던 전시회에 참석하였다. 현재 휴대폰 액세서리 시장의 전망도 밝다.

미국의 경우 스프린트, AT&T, 보라이즘과 같은 업체들의 액세서리 파트가 굉장히 발전되어 있는데, 마진도 높은 편이다. 최근 국내 대기업인 SK텔레콤도 정품 액세서리 제품을 판매하기 시작했다. 휴대폰 액세서리 외에도 모바일 응용기기 분야도 성장세에 있다.

해외 진출을 위해서는 여러 가지 준비할 사항이 많이 있는데, 주로 KOTRA 등의 정부기관으로부터 도움을 많이 받는 것이 대부분이기 때문에 적극적으로 나서기에는 아직까지 한계가 있다.

3. 디자인을 통해 가치의 옷을 입다

PN Telecom이 만드는 제품들은 휴대전화 응용기기가 대부분이다. 우리는 요즘 휴대전화를 고를 때 기능만을 살피지 않는다. 남들과는 다르고, 작고, 세련된 디자인들이 없다면 아무리 기능이 좋은 휴대전화라도 사람들의 눈에 들기 어렵다. PN Telecom의 제품이 아무리 좋은 기능을 가지고 있더라도 둔탁한 디자인은 시장에서 인정받기 어렵다는 것을 누구보다도 잘 알고 있다.

PN Telecom은 기술개발 위주로 발전해 온 기업이다. 때문에 디자인의 중요성을 알고 있지만, 주력분야인 제품의 개발 및 생산에 회사의 모든 역량을 집중을 해도 모자랄 형편이다. 어쩔 수 없이 디자이너를 한두 명을 고용한다고 해도, 이 역시 끊임없이 새로운 디자인을 개발해 내는 데에는 한계가 있다.

따라서 PN Telecom은 전문 디자인회사와 정기계약을 맺는 아웃소싱을 선택하였다. 현재 달마다 고정급을 주고, 수시로 기획안을 전달하면, 아웃소싱 공급업체에서 스케치를 해 오고, 협의를 통해서 차츰 완성된 형태의 디자인을 만들어 나가는 방식으로 운영되고 있다.

디자인을 본격적으로 아웃소싱하기 전에는 프로젝트가 있을 때마다 외부업체에 의뢰하였다. 그러던 중 프로젝트별로 지출을 하는 것보다는 고정적으로 한 업체를 선정하는 것이 오히려 비용적인 면에서 낫다는 판단을 한 것이다. PN Telecom의 디자인 아웃소싱 특징은 인센티브제를 시행하고 있다는 점이다.

예를 들어 20건이면 20건에 대해 금액을 지불하고, 디자인이 제품화가 되면 해당 디자인에 대해서 인센티브를 부여하는 방식이다. 제품화된 디지인과 그렇지 않은 디자인에 대해 지급 금액을 차별화함으로써 예산절감은 물론 더욱 높은 품질의 디자인이 탄생하는 결과가 나타났다.

만약 디자인 인원을 PN Telecom 내부에 두었다면, 시장 트렌드 파악부터 실제 디자인업무까지 수행해야 하기 때문에 최소 3~4명 정도 인력이 필요했을 것이다. 또한 대개 수준급의 디자이너들은 소규모 업체의 입사 자체를 꺼리고 있다. 자신의 기량을 가다듬고 더 배우기에는 디자인 전문 업체가 더 낫기 때문에 디자인 전문 업체를 선호하고 있다. 따라서 디자이너를 직접 뽑는다고 해도 고급 인력 확보에 문제가 발생할 수밖에 없다.

현재 PN Telecom의 디자인 아웃소싱 공급업체는 전체 직원 8명의 '가디스디자인'이다. '가디스디자인'은 제품 디자인 전문회사로 다양한 제품 디자인 작업을 수행해서 경험이 풍부했고, 업계에서도 혁신적인 디자인을 제공하는 업체로 평가받고 있었다.

'가디스디자인'과의 업무 협력은 상품기획팀에서 담당하고 있다.

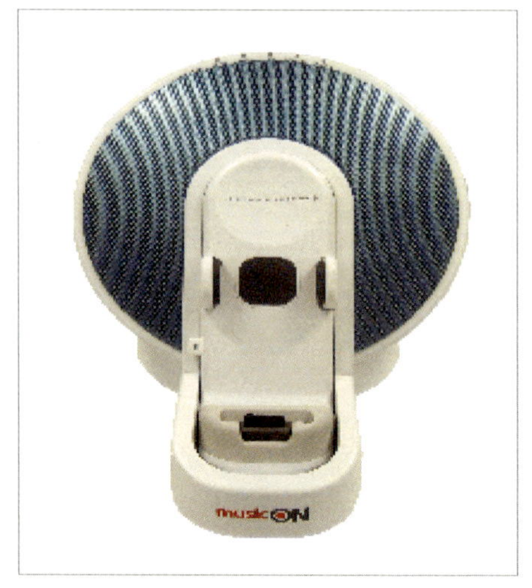

앞에서도 언급했듯이 계약은 연단위로 맺고, 최소금액을 월단위로 지불하고 있다. 또한 제품화가 되는 디자인에 대해서는 인센티브를 제공하는 방식의 계약을 취하고 있다.

'가디스디자인'에 대한 정보는 주변 지인을 통해서 얻게 되었다. 디자인의 품질이나 대응력이 뛰어나다는 소개를 받았고, 제품 디자인을 한번 맡겨 본 후에 결정하였다. 물론 그 결과는 만족스러웠다.

이처럼 PN Telecom은 아웃소싱 업체를 선정할 때, 단순한 규모보다는 업무를 수행하는 사람들의 실력과 대응력을 보고 있다. 이러한 점과 더불어서 PN Telecom의 요구를 잘 이해하고, 이를 얼마나 정확히 구현, 창시하는가 역시 중요한 기준이 된다.

제품의 기술력이 아무리 뛰어나도 디자인이 좋지 않으면, 시장성이 떨어지는 것이 현재 업계의 상황이다. 앞으로는 디자인 싸움이 기업의 사활을 결정할 것이다. 디자인이 앞선 회사만이 살아갈 수 있기 때문에 PN Telecom만의 경쟁력을 강화하기 위해서 디자인 아웃소싱을 계속해서 유지해 나갈 것이다.

▦ 4. 앞으로도 이어질 동반자의 길

PN Telecom이 '가디스디자인'과 일을 함께 한 것은 2008년으로 3년이 되었다. 연단위로 계약은 하고 있지만, 두 업체가 서로에 대해서 잘 이해해 왔기 때문에 재계약은 오히려 자연스러운 것이 되어 버렸다.

아웃소싱 업체에 대한 평가는 주로 내부평가를 한 다음, 업체와 피드백이 이루어지고 있다. 제품별로 조금씩의 차이는 있지만, '가디스디자인'에 대해 80% 정도 만족한다고 한다. 최초 제품 기획 단계부터 꾸준하게 대화하기 때문에 대부분 디자인 결과에 대해 만족하고 있지만, 아웃소싱 공급업체와 물리적인 거리가 떨어져 있다 보니 의사소통에 있어서 아쉬움이 있기도 하다. 가끔 커뮤니케이션이 제대로 이루어지지 않아서 문제가 생기기도 한다.

이러한 점 때문에 100%가 채워지지 않고 있다. 이에 대해서는 앞으로 노력해야 할 숙제라는 것에 대해서 서로 인식하고 있기 때문에 앞으로 조금씩 채워질 것으로 보고 있다. 앞으로 더욱 서로를 가족이라 생각하고, 동반자라는 인식이 심어져야 할 것이다. 돈으로 이어지는 관계가 아니라 함께하는 것이다.

사실 '가디스디자인'과의 문제점이라고 할 만한 것은 사실 없다고 해도 무방하다. 대부분의 의견 충돌은 제품개발과 디자인의 상충적인 면으로 일어나기 때문에 조율상의 문제인 것이다. 이러한 문제가 발생하면 대부분 디자인업체 쪽의 의견을 우선적으로 수용하고 있다.

부품은 작은 것으로 대체한다든지 회로를 변경하면 되지만, 디자인은 제품의 가치와 직접적으로 연결되기 때문이다. PN Telecom은 기본적으로 기술력이 뒷받침되고 있기 때문에 좀 더 참신하고 소비자의 욕구를 만족시키는 디자인을 요구하고 있는 것이다.

앞으로 '가디스디자인'에 바라는 점이 있다면, 제품화시킬 수 있는 디자인에 대한 욕심을 부렸으면 한다는 의견이다. 또한 요구하는 부분 이외에도 디자인 분야의 조언자로서 다양한 제안을 해 주길 바라고 있다.

5. 기업 실익을 위한 정부의 역할은 공정한 평가를 통한 지원

PN Telecom은 디자인을 아웃소싱했을 때 내부적으로 디자인에 대한 콘셉트를 꼭 가지고 있어야 함을 강조한다. 그렇기 때문에 디자인 업체에서 제공하는 시장조사 자료도 수시로 검토하고, PN Telecom 자체적으로도 시장조사를 하고 있다.

요구가 많아질수록 아웃소싱 업체는 이를 반영하여 더 좋은 디자인을 만들 수 있다. 디자인을 아웃소싱했다고 해서 아웃소싱 업체만 노력해서는 원하는 결과를 얻기 어렵다는 것이 PN Telecom이 가진 지론이다.

PN Telecom이 디자인 외에도 아웃소싱 분야는 점차 늘려 나갈 예정이다. 어떠한 사업 분야든지 잘할 수 있는 서로의 역할을 인정하고, 서로 보완이 되는 동반자 입장의 업체와 함께 가야 할 것이다.

아웃소싱 산업의 발전을 위해서 정부가 해야 할 일들도 있다. 정부가 산업을 지원할 때 분명한 기준을 가지고 심사를 해야 한다. 이러한 엄정한 심사를 통해서 재정이나 행정 등의 지원을 펼쳐야 할 것이다.

물론 정책들은 기업들이 원하는 사업방향에 어긋나서는 안 될 것이다. 정부의 정책방향은 어떠한 경우에서든 행정적인 편리함보다는 기업들이 직접적으로 얻는 실익이 우선되어야 할 것이다. 따라서 아웃소싱 정책 수립에 있어서 정부관계자들은 기업들이 처한 환경과 상황에 대해 면밀하게 분석해야 할 것이다.

아웃소싱 공급업체의 의견

[아웃소싱 성과]

아웃소싱 공급업체 직원들은 자신들을 수요업체 조직의 일원으로 인식하여 긍정적 사고로 개발방향을 제안하고 수행함으로써 회사의 이윤증대와 정체된 조직에 활력을 주는 역할을 하기 위해 노력하고 있다. 가디스디자인은 실용성 있는 제품 디자인을 위해 꾸준한 연구노력을 기울여 피엔텔레콤의 제품가치관에 부합하는 디자인을 제공하는 노력을 지속적으로 기울이고 있다.

[아웃소싱 활성화를 위한 기업적 / 정책적 기대사항]

디자인 아웃소싱은 기구 설계 이전단계까지 디자인 범위로 인식하는바 완성도가 낮은 제품이 상품화되는 약점을 가지는 데 반해 아웃소싱은 상품개발 전부에 참여하여 개발의도가 상품화 단계까지 이어 갈 수 있는 역할을 한다. 중소기업의 특성상 많은 인력을 수요하지 못하기 때문에 인력을 적시적소에 보급할 수 있는 정책적 지원책 마련이 필요하다.

[회사 소개]

가디스디자인은 제품개발 기획에서부터 개발결과 평가에 이르기까지 전 과정을 체계화함으로써 수요자가 원하는 최적의 디자인을 개발하기 위해 노력하고 있으며, 단순히 제품의 겉모양을 꾸미는 데 그치지 않고 기획, 생산, 판매에 이르기까지 상품기획의도를 벗어나지 않도록 지속적인 관리와 노력을 기울이는 기업으로 성장 중에 있다.

아웃소싱은 유연성의 극대화이다 11.

구분	발주사	공급업체
업체명	한국마사회	LG CNS
주요업종	오락 문화 및 운동관련 서비스업	SI 및 ITO
대표명	김광원	신재철
주소	경기도 과천시 주암동 685번지 (서울 경마공원 내)	서울시 중구 회현동 2가 10-1 프라임타워
홈페이지	www.kra.co.kr	www.lgcns.com
요약	한국마사회의 기업정보(응용)시스템 위탁 운영·유지보수, IT인프라설비 위탁 운영·유지보수, 정보화기기 유지 보수를 담당하였다.	

1. 말산업 육성·발전 메카 - 한국마사회

한국마사회의 모체는 1922년 설립된 조선경마구락부이다. 이후 조선경마구락부는 1942년 조선마사회의 설립으로 이어졌고, 1949년 마사회특별법이 생기면서 지금의 한국마사회로 명칭이 바뀌었다.

현재 한국마사회는 "품격 높은 마문화 창조를 통해 국민의 여가 선용과 마사 진흥에 이바지한다."는 미션을 설정하고 '말산업을 선도하는 일류 공기업(Horse Industry Leading Company)' 비전을 가지고 역동적인 활동을 수행하고 있다. 한국마사회는 'RACE'*로 명명되는 핵심 가치를 추구하고 있으며, 전략적 사업구조 구축, 핵심 사업 경쟁력 강화, 고객서비스 강화, 기업문화 혁신 등의 전략을 수립하고 공기업답지 않은 체계적·효율적 기업 관리를 하고 있다.

한국마사회의 주요 임무는 국민여가선용을 도모하고, 그것을 바탕으로 축산발전에 이바지하는 것이다.** 사업장은 과천에 서울경마공원이 경마공원과 본부기능을 겸하고 있고, 서울, 부산경남경마장, 제주경마장 등 전국에 3개의 경마장을 보유하고 있으며 3개의 목장을 운영·관리하고 있다.

그 밖에 원당, 제주, 장수목장 등도 한국마사회에서 운영·관리하고 있다. 그 외에 위성방송을 통해 중계를 하고 온라인으로 배팅

---

* 한국마사회의 핵심가치인 'RACE'는 두 가지로 설명될 수 있음. 첫째는 Respect, Action, Challenge, Efficiency이며, 둘째는 Refreshment, Advantage, Comfort, Energy임.

** 한국마사회의 구체적 사업 범위는 한국마사회법 제36조에 명시되어 있는 바와 같이 첫째, 경마의 시행, 둘째, 말의 개량증식, 육성, 보급 및 이용 지도 장려, 셋째, 경마장 내의 간이체육시설 및 시민 위락시설의 설치 운영, 넷째, 가축의 경주를 이용하여 행하는 경마 유사사업, 다섯째, 농어업 자녀 장학사업 및 농어촌과 경마장, 장외 발매소 인근지역 복지증진 사업, 여섯째, 경마시행 및 관련 사업수행 법인에 대한 투자/출연 및 보조 등임.

을 할 수 있는 프라자(지점)가 전국에 32곳 있다. 한국마사회의 핵심 사업은 경마의 공정한 시행과 원활한 보급에 중점을 두고 있는 경마사업, 마사의 진흥과 축산의 발전을 도모하는 마사진흥사업, 국민의 여가선용을 책임지는 공익기여사업 등으로 나누어져 있다.

한국마사회의 주요 사업 분야인 경사시행 외에도 경주마 등록, 경주마 생산 및 육성지원, 승마 및 마문화 보급 등 말과 관련된 다양한 사업을 추진하고 있으며, 2001년 농림부(現 농림수산식품부)로 주무부처가 환원된 이후로 농어촌복지와 축산업발전에도 역량을 쏟고 있다.

한국마사회의 상시근로자 수는 총 1,000여 명 정도이며, 일용직 근로자가 7,000여 명에 달하고 있다. 또한 말의 소유주인 마주, 말을 위탁받아 감독 역할을 수행하는 조교사, 실제 말과 함께 경주를 하는 기수 등은 직원이 아니지만 경마사업이 원활히 수행되기 위해서는 반드시 필요한 분야인 동시에 서로 협력하는 관계가 형성되어야 하기 때문에 '유관단체'로 분류되어 경마공원 내에서 근무하고 있는데 그 인원이 1,500명 정도이다. 따라서 한국마사회의 직·간접적 근로자는 어림잡아 10,000여 명 정도라고 보는 것이 적절할 것이다.

한국마사회에서 주로 수행하고 있는 경마사업의 특징이 말을 생산하는 것에서부터 말이 경주를 하고, 배팅을 하고, 좋은 말들

이 다시 목장으로 환류된다는 것에 있기 때문에 산업적 차원으로
보면 1차 산업에서부터 4차 산업까지 걸쳐져 있는 스펙트럼이 넓
은 사업 분야라고 할 수 있다. 산업 규모로 봤을 때는 시멘트산업,
신문산업 등과 그 규모가 비슷하다고 볼 수 있다. 한국마사회의 매
출규모는 2007년 6조 5천억 정도였으며, 가장 정점에 있었던 2003
년도에는 약 7조 원 정도까지 도달했으나 그 이후 하향곡선을 그
리다가 5조 5천억까지 감소하였고 다시 2005년부터 증가세를 보이
는 추세이다.

2. 위기를 기회로, 불가능을 가능으로,
비호감을 호감으로

　최근 범국가적으로 사행산업에 대한 규제가 심화되고 있는 추세
이고, 사행성감독위원회가 국무총리산하에 설립되어 한국마사회의
주요 사업 분야인 경마도 '로또'와 같은 복권사업과 함께 규제가
강화되었다. 때문에 한국마사회가 가지고 있는 다른 분야의 기술을
통해서 매출을 증대하고 있다.
　예를 들면 배팅을 온라인에서 처리하는 시스템을 전문용어로 '토
털리데이터시스템'이라고 하는데, 이 시스템을 1999년 후반부터
2000년 초반에 걸쳐서 국내 순수기술로 국산화하였다. 한국마사회
와 같이 배팅 시행처가 배팅 기술자립을 한 나라는 전 세계에서 4
번째이다.

그 가운데서도 한국마사회의 기술은 오픈환경에서 개방형기술을 활용하여 만든 최초의 기술이어서 경마를 도입하려는 중국, 캄보디아같이 개방화하고 있는 나라들로부터 MOU 제의가 많이 들어오고 있다. 이러한 기술과 한국마사회가 가지고 있는 경마 시행에 관한 노하우를 가지고 수출을 시도하는 등의 다양한 노력을 기울이고 있다.

현재 한국마사회의 매출액 대부분이 경마사업으로 인해 발생하고 있지만, 앞으로 사업을 다각화하여 국민에게 인정받는 노력하는 공기업이 되기 위한 의지를 불태우고 있다. 최근 사업여건은 그리 좋은 편은 아니지만, 이러한 의지를 바탕으로 위기를 기회로 전환하기 위한 최선의 노력을 다하고 있다.

말을 이용한 사업에는 경마뿐만 아니라 승마 부문이 있는데, 그동안 승마는 부유한 계층의 사람들만 경험할 수 있는 스포츠라는 인식이 팽배했다. 한국마사회는 대중적인 승마보급을 위해 경기도, 경상북도 상주군 등과 같은 지방자치단체들과의 MOU 체결을 통해서 말을 제공하고, 교관을 맡아서 양성을 해 주는 등으로 승마산업의 육성 및 발전을 위한 노력을 구가하고 있다.

한국마사회는 새로운 사업 영역을 개발하고 육성한다는 측면과, 경마에 대한 부정적인 부분에 대해서 또 다른 시도를 보여 줌으로써 보다 국민들에게 다가갈 수 있다는 측면에 초점을 맞추고 역동적이고 유연한 기업 운영에 최선을 다하고 있다.

⠿ 3. 아웃소싱 선택의 기로에서 절대 주저하지 않는다

한국마사회는 상당수 사업 부분을 아웃소싱하고 있을 정도로 기업운영에 있어서 효율성을 강조하고 있는 공기업이다. 대표적으로 아웃소싱이 이루어지고 있는 영역이 IT 분야이다. 그러나 IT 분야라고 해서 모든 것을 아웃소싱하고 있는 것은 아니다.

한국마사회는 2006년도에 경영전략과 맞춰서 IT 부문 전략을 수립했다. IT 부문 전략 수립과정에서 X축에는 '과연 우리가 하고 있는 정보시스템이 시장에서 용이하게 구할 수 있는 것이냐'에 대한 문제를 두고, Y축에는 '비즈니스 관점에서 과연 이것이 범용력이 있는 비즈니스냐' 하는 문제를 두고 방향을 설정했다.

이러한 시점에서 한국마사회는 향후 아웃소싱을 하지 않고 가져가야 할 부분을 고민하였다. 그 결과 기술적으로 한국마사회에게만 해당이 있고, 사업적으로도 한국마사회만 해당되는 업무는 아웃소싱을 해도 쉽게 해결할 수도 없고, 더 잘할 수 있는 기업이 없다고 판단했기 때문에 그런 영역은 전부 인소싱으로 가져가는 게 바람직하다는 결론을 도출하였다.

한국마사회에서 수행하는 사업 중에 핵심적인 것은 내부에서 수행을 하자는 생각으로 기획, 품질관리, 서비스수준관리 등의 부분은 이전에 아웃소싱을 하였더라도 한국마사회에서 수행해야 하는 것으로 분류했다. 그다음 나머지 사업적으로나 기술적으로 범용적인 분야는 모두 아웃소싱을 주자고 판단하였다. 즉 배팅 영역에 대해서는 핵심 영역이라는 판단 아래 전부 한국마사회가 수행하고 있고, MIS*에 관련된 분야, 사무자동화 관련 부분, 인프라의 운용관리 등과 같은 범용적인 부분에 대해서만 아웃소싱을 하는 체계로 가고 있다.

사실 대부분의 공기업을 살펴보면 이와 유사한 전략을 통해 아웃소싱을 수행하기보다는 단순히 부족한 인원을 채우기 위해 아웃소싱을 하고 있는 경우도 있다. 한국마사회도 2000년대 초반까지 이와 크게 다르지 않은 운영을 했었는데, 그러다 보니 많은 문제들이 발생하였다. 예산처리나 사업계획을 할 때 각자의 역할이 분명하지 않은 문제점들로 인해 발생하는 예상 밖의 결과에 대한 책임 논란이었다.

즉 R&R**이 분명하지 않음으로 발생하는 문제점들로 인해 사업 자체가 논란의 대상이 되었다. 시대의 변화에 따라 역할규정도 바뀜으로써 과거의 개발자나 실무자들을 자체 교육을 통해 양성하는 것이 필요하였다.

현재의 한국마사회는 인력 구조적인 면으로 아웃소싱 규모를 설명하면 60%가 아웃소싱, 자체 인력이 40% 정도라고 볼 수 있는데, 각각의 역할은 전혀 다르다.

---

* MIS는 management information system의 약자로 우리말로 하면 경영정보시스템 내지는 정보처리 시스템, 정보서비스, 정보관리 시스템 등으로 표현할 수 있음.
** R&R은 role and responsibility의 약자로 우리말로 역할과 책임임.

4. 아웃소싱의 경험은 본질적인 우리 것을
찾기 위한 절차이다

한국마사회는 많은 아웃소싱 분야 중에서 역시 IT 분야가 가장 성공적으로 이루어지고 있다고 말한다. 한국마사회 IT 분야의 경우 인소싱으로 사업을 추진해 오다가 2000년 초반 경영 전략적 측면에서 점차 아웃소싱으로 옮겨 감에 따라 다른 부분의 아웃소싱보다 전문적이고, 체계적이다. 그리고 아웃소싱을 관리하기 위한 체계나 틀이 아주 잘 갖추어져 있다. 2008년 10월 22일 ISO2000(IT 서비스관리체계에 대한 인증, 영국의 BSI*로부터 받음)을 받기도 하였다. 수많은 아웃소싱 공급업체 직원들과 한국마사회가 공간적으로는 떨어져 있지만, 이 체계적 시스템에 의해 각자의 역할을 잘 수행하고 있는지를 확인할 수 있다. 이 방법을 현재 72곳 정도의 공공기관이 모델로 삼아 벤치마킹하고 있다.

한국마사회는 "아웃소싱을 줘서 돈을 아끼려는 것이 아니라 그 분야에 대해 우리보다 더 잘할 수 있는 업체를 선정하여 우리 서비스의 질을 한 차원 높이려고 하는 것이 아웃소싱인데, 우리나라에

---

* BSI는 the British Standards Institute의 약자로 영국의 규격협회를 말함.

서는 이러한 개념이 전무하다는 것이 아쉽다.”고 말한다. “머슴 쓰면 돈 줄인다.”라는 식의 개념으로 아웃소싱에 접근하는 것은 그 자체가 매우 비효율적이라는 것이다.

한국마사회는 아웃소싱의 전략을 수립하고, 그 전략에 맞는 관리 툴을 만들기 위해서 2006년에 IT 진단 컨설팅을 받아서 프로세스를 설정한 다음, 이 분야에 대한 것을 아웃소싱 업체가 철저하게 이행하도록 하였다.

또한 이 모든 것을 자동화할 수 있게 2007년 말부터 2008년 초까지 ITSM*이라는 시스템을 구축하였다. 누구나 본인이 수행한 업무에 대해서는 다 흔적을 남기게 되었다. 하고 나면 어떻게 수행을 했는지에 대한 증적을 남기고, 그것은 다시 바탕지식으로 쌓여 간다. 이렇게 되면 아웃소싱 업체가 바뀌더라도 아무런 문제가 발생하지 않게 된다.

한국마사회는 2005년도에 진단 컨설팅을 통해서 향후 운영 전략에 대한 방향성을 제시받는데, 이때 아웃소싱에 대한 중요성이 재인식되었다. 그 이전에는 부분적으로 인프라 설비라든가 하는 단편적으로 하던 것을 이 기점으로 통합된 형태로 전략에 의해서 아웃소싱을 수행하게 된 것이다.

---

* ITSM은 IT service management의 준말임.

5. 한국마사회 IT 아웃소싱이 동일 분야 대표선수가 되길 바라며……

한국마사회는 아무런 주저 없이 IT 분야 아웃소싱의 대표선수가 한국마사회의 경험이길 바란다. 이 분야에 대해 한국마사회는 현재 'LG CNS'와 함께 아웃소싱을 하고 있다. 2003년부터는 3년 단위로 재계약을 하는데, 지금까지 계약을 두 번 갱신한 셈이다. 초반의 선정 방식은 협상에 의한 계약 방법이었으며, 기술과 가격을 8:2로 선정하였다. 계약은 3년이지만 1년 단위로 실적평가를 한다. SL의 지표를 가지고 평가를 해서 S, A, B, C, D 이렇게 다섯 등급으로 평가를 하는데, B등급 이상이 되어야만 재계약이 가능한 시스템이다. 그리고 개선사항에 대해서는 B등급이 나오더라도 연말이 되면 개선사항을 수행하고 한국마사회가 납득이 되어야만 재계약을 한다. 그래서 그 등급이 만족했을 때 3년까지는 계속 계약을 하고, 3년 이후가 되면 다시 발주를 하게 되는 형식이다.

연간단위로 계약을 하게 되면 장점도 있고 단점도 있지만, 업체가 장기계약을 하지 않으면 좋은 인력이나, 투자를 하지 않는다는 판단하에 한국마사회는 3년 단위 계약을 하고 있다.

대부분의 기업들이 아웃소싱에 대해서 연간 단위의 단기 계약을 하고 있는데, 이러한 경우 아웃소싱 업체들이 그 짧은 기간 안에 이익을 얻어야 하기 때문이라도 좋은 인력이나 기술을 투입할 가능성이 적어진다. 때문에 특별한 하자가 없이 성의를 보이고 열심히 노력을 하면 3년 정도의 계약을 하는 것이 서로에게 이득이라고 판단하고 있다. 더 나아가 필요하다면, 5년이나 10년의 계약을 하는 것도 좋은 방법이라고 말한다. 그래야 아웃소싱 수요업체의 전략을 매우 잘 이해할 수 있고, 눈빛만 봐도 일이 이루질 정도의 수준이 되기 때문이다.

6. RM(Relation Management)의 역할과 기능

한국마사회의 IT 분야 아웃소싱 업무는 'LG CNS'로 서비스 창구가 일원화되어 있다. 사업 전체를 관리하는 사람이 있고, 그 직원이 전체 관리를 해서 언제 어디에 어떤 업무들이 이루어져야 하는가를 판단한다. 이렇게 아웃소싱에서 이루어지는 업무 전체 비용이 14억 원 정도이고, 순수한 인력 부분(내부 인력)이 20억 원 정도로 전체 아웃소싱비용 규모는 연간 34억 원 정도이다. 최초 프로젝트 구상부터 참여한 부장급 직원을 비롯하여 28명 정도가 상주하고 있다. 상주와 비상주 인원을 합하면 60명 정도가 된다.

한국마사회의 IT 지원팀 기획부서에서는 기획, 계약 등의 업무를 수행하고, 실제 업무적인 협력은 분야별로 다 다르기 때문에 각 파트별로 직접 협력을 하고 실적을 평가해서, 그것이 IT 지원팀의 기획부서로 다시 넘어오는 체계이다. 한국마사회는 RM이란 직무가 있다. 이 직무에서 업무별, 영역별로 관리를 하고 있다. 큰 영역으로 폭넓게 관리하고 있다.

RM은 해당 분야에 깊이 있게 아는 것은 아니지만 전체적으로 알고 있다. 담당부서의 직원들이 아웃소싱 업체와 붙어서 직접적으로 일을 하기는 쉽지 않다. 해당 분야 담당부서 직원이 요구하면, 그 내용을 정리해서 아웃소싱 공급자에게 넘기고, 아웃소싱 공급자에게 받은 것을 검증해서, 다시 분야별 담당자들에 넘기는 것이다. 한국마사회의 RM은 해당 분야별 담당자들이 요구한 날짜 이전에 내용을 취합하는 시스넴을 유지한다. 그래야 해당 분야별 담당자들과 협의한 날짜에 업무를 완료할 수 있기 때문이다. 한국마사회는 아웃소싱을 진행할 때 가장 필요한 것은 바로 RM의 역할과 능력임을 강조하고 있다.

▪ 7. 아웃소싱의 최대 성과는 효율성이 아닌, 유연성의 극대화이다

한국마사회는 아웃소싱으로 인한 가장 중요한 성과로 새로운 IT 트렌드에 맞춰서 유연하게 정책을 펼칠 수 있고, 새로운 기술을 빨리 수용할 수 있는 점을 꼽고 있다. 고객의 요구들은 끊임없이 변하고, 기존의 기술로는 그런 요구들을 신속하게 충족시키는 것이 쉽지가 않은 게 현실이다. 이러한 문제를 아웃소싱을 통해 다소 보완하고 있다.

인력 운용 측면에서 봤을 때, 아웃소싱은 굉장히 유연한 인력 운용 방향을 제시한다. IT 전문가들은 기술의 빠른 변화로 인해 일반 비즈니스보다 수명이 짧은 것이 사실이다. 아웃소싱의 가교 역할을 하는 RM이란 직무를 통해 기술로만 승부를 하는 것이 아니라, 기술에 자신의 경험이 쌓이면 더 오래 할 수 있다는 것이 굉장히 큰 장점이다.

IT 전문가들은 대개 40세가 넘으면 정년이 되어 다른 부서로 가야 하거나 이직 또는 퇴직을 하는 경우가 대다수이다. 이 부분을 RM이란 직무체제로 바꾸다 보니까 이들이 전문가로서 50세 이후까지도 근무할 수 있게 된 것이다. 인력을 굉장히 효율적으로 쓸 수 있는 것이다. 만약 지나간 기술력으로 IT 인력이 계속 버틴다면 서비스를 원하는 부서에서는 만족을 못 하고 IT 부서는 없어져야 한다는 인식이 생길 수 있다. 이러한 문제점은 아웃소싱을 통해 극복하고 있다.

아웃소싱은 거부할 수 없는 시대적 요구이다. 그러나 우리나라는 과거부터 아웃소싱에 대한 개념이 잘못 정립되어 있다. 아웃소싱 공급업체는 머슴이고, 수요업체보다 항상 월급을 더 받으면 안 된다는 생각을 가지고 있다. 정책입안자들부터 이런 생각을 버려야 한다.

한 조직에서 약점이 있는 부분을 나보다 더 뛰어난 전문가들이 모여서 훨씬 더 나은 서비스를 제공할 수 있다면 적극적으로 아웃소싱을 해야 한다. 이런 측면에서 아웃소싱은 앞으로 더 확대되어야 한다고 생각하며, 물론 정부 차원의 육성도 이루어져야 한다고 본다. 정책이 단순히 "돈을 아끼고, 귀찮은 업무를 아웃소싱한다."는 방향으로 유도하는 것은 바람직하지 않다.

아웃소싱 공급업체가 대기업 정도의 규모가 되면 정부의 정책도 잘 이해를 하고 있고, 국제표준관점에서 이해도가 깊은 것이 사실이다. 그러나 중소기업 이하 수준으로 내려가면, 특정 영역을 제외하고는 아직도 격차가 심하다. 전문적인 기술력이 부족하고 수동적인 수준에 머물고 있는 것이 현실이다. 정부가 이런 부분들에 있어서 기업들을 지원, 교육하여 최고 수준까지 올라올 수 있도록 제도적으로 지원하는 것이 중요하다. 국가에서는 금액으로 제한을 하는 경우가 많은데, 그 부분들은 차이가 너무 많기 때문에 시장에 맡기고, 정부는 아웃소싱 공급업체들의 교육이나 무료 컨설팅 등을 통해 그 격차를 줄이는 노력에 집중해야 할 것이다.

아웃소싱 공급업체의 의견

〔 아웃소싱 성과 〕

시스템 장애를 신속히 해결하고 시스템 가동시간을 향상시키고 불필요한 분야에 대해 LG CNS는 분야별 전문기술 인력 지원을 원활히 지원하였다. 그리고 IT 요소별 전문 기술이 필요할 시 LG CNS를 중심으로 구성된 전문 업체들에 의한 기술지원이 용이했으며, 대규모 IT 사업체인 LG CNS의 원가 경쟁력에 따라 비용이 절감되었으며 IT 트렌드에 대해 적시에 대응할 수 있었다.

〔 아웃소싱 활성화를 위한 기업적 / 정책적 기대사항 〕

SLA 기반의 정착을 위해 SLA 기반 장기계약 방식을 이용하여 단순 투입인력에 따른 인건비 기준을 서비스 결과물 기준으로 보장하는 계약방식이 널리 통용되는 것이 필요하다. 이는 결국 생산성 향상 및 고객비용 절감효과를 가져오기 때문에 국가 차원에서 정책적인 지원이 뒤따라야 한다.

〔 회사 소개 〕

LG CNS는 'Consulting and Solutions'의 의미로, 고객의 모든 IT 문제에 대해 컨설팅부터 시스템 구축, 운영까지 토탈 솔루션을 제공하는 종합 IT 서비스 회사로서 산업에 대한 풍부한 이해와 철저히 검증한 선진 IT 기술을 갖춘 전문가와 업계 최초로 인정받은 서비스 품질을 바탕으로 국가고아 기업의 정보화를 주도하는 기업이다.

끊임없는 연구개발을 위한 협력

구분	발주사	공급업체
업체명	바이오포커스	메타볼랩(주)
주요업종	의약품 제조업-진단용 키트 및 약품	연구개발 및 용역
대표명	서정구	강흔수
주소	경기도 의왕시 고천동 413번지	서울시 종로구 연건동 28-22 서울의대부속암연구소 6층
홈페이지	www.biofocus.co.kr	www.metabolab.co.kr
요약	바이오포커스의 신속진단키트에 들어가는 재조합 항원 및 항체를 개발하여 공급하는 기술로서 유전공학적 재조합기술과 세포융합기술을 이용하여 개발	

▓ 1. 진단 시약의 시장성을 보다

불로초를 찾아 세계 각국을 헤매던 진시황제도 결국 바라던 바를 이루지 못하고 병마용과 함께 땅속에 묻혔다. 진시황제뿐 아니라 인간이라면 누구나 한번쯤 영원불멸한 삶을 생각해 봤을 것이다. 오늘을 살기 위해 치열하게 몸부림치는 현대인들도 잠자리에서는 한번쯤 평생을 살아가는 꿈을 꾸고 있을지도 모르는 일이다.

인간이 꿈꾸는 영생은 사실 실현되기 불가능하다. 세포단위로 구성된 인간의 신체는 시간이 지나면 자연스럽게 재생력을 잃어 가기 때문에 결국 자연의 품으로 다시 돌아갈 수밖에 없다. 과거 인간이 자연의 품으로 돌아가는 시간은 매우 짧았다. 전쟁이나 기아의 이유가 아니더라도, 40년 세월을 채 이기지 못하고 자연 속으로 회귀했었다.

하지만 의학의 발전으로 그 시간은 차츰 길어져 불현듯 닥쳐 온 사고가 아니라면 80여 년의 세월을 이겨 내고 있다. 이런 의학의 발전에 있어 병이 생기기 전에 미리 발견하고 치료하는 수단의 개발은 매우 중요하다. 한 번 무너지기 시작한 댐은 보수하더라도 언제나 다시 무너질 위험을 가지고 있기 때문에 균열이 생기기 전에 미리 손을 써야 한다. 이는 인간의 신체에도 그대로 적용된다.

(주)바이오포커스는 진단용 의약품의 원천기술을 개발하고 제조하는 회사이다. 특히, 암이나 심근경색과 같이 한번 찾아오면 우리 몸이 버티기 어려운 고통을 안겨 주며 생을 단축시키는 질병들을 미리 진단할 수 있는 시약을 주로 개발하고 있다.

(주)바이오포커스는 현 CEO에 의해 1999년 4월 설립되었다. (주)바이오포커스의 CEO는 과거에 제약회사 진단 시약 사업부에서 영업마케팅 관련 업무를 수행했었다. (주)바이오포커스 CEO는 제약회사 근무 당시 향후 의약 시장은 치료보다 예방이나 진단에 더욱 큰 시장이 형성될 것으로 기대하였다.

따라서 이러한 사업 분야를 중심으로 사업을 펼쳐 나갈 생각으로 독립을 결심하게 되었다. 처음에 독립해서 차린 회사는 영업과 마케팅을 중심으로 사업을 진행시켰다. 큰 기술력이 없어도 자금을 모으기가 쉬웠고, 시장의 흐름을 제때에 파악할 수 있기 때문이다. 그러던 중 2001년에 바이오다이아텍이라는 업체와 합병하게 됐다. 연구 중심의 회사와 연구마케팅의 회사를 합병함으로써 시너지 효과를 기대한 선택이었다.

이후 (주)바이오포커스는 연구개발, 제조, 영업 마케팅을 모두 도맡아 하는 회사로 성장해서 2001년 경기도지사 표창, 2007년 산업부 장관상을 수상한다. 사업은 물론이거니와 경영활동 또한 타의 모범이 되는 회사로 평가를 받고 있는 것이다. (주)바이오포커스는

연구개발과, 동시에 영업 마케팅도 중요시하는 경영전략을 통해서
현재의 자리까지 올 수 있었다.

▦ 2. 기술력을 바탕으로 한 영업 전략

최근의 검사 경향은 검사실에서 시행되어 오던 기존의 틀에서 벗
어나고 있다. 이제는 환자들이 빠른 시간 내에 검사 결과를 직접 확
인할 수 있는 시스템으로 변하고 있다. POCT(Point of Care Testing:
현장검사) 분야가 비약적으로 발전하기 시작한다.

현장검사는 말 그대로, 진료현장에서 사용하고 바로 그 결과를
볼 수 있다는 점에서, 또한 대부분의 제품들이 검사 결과를 육안으
로 확인하거나 저렴한 가격의 측정기를 사용한다는 점에서 매력적
인 시장을 형성하고 있다.

POCT의 시장이 확대되자, (주)바이오포커스도 이에 발맞춰서 POCT
분야에 집중해서 이와 관련된 제품들을 선보인다. 하지만 제품을 만들
어 냈다고 해서 끝난 건 아니었다. (주)바이오포커스가 만드는 제품들
은 의료기기와 관련된 것이기 때문에 식품의약부안전청의 허가를 받아
야 했다. 그 과정이 매우 까다로울 뿐만 아니라 비용 또한 만만치 않
았다. 하지만 모든 난관은 CEO와 직원들의 하나 된 마음과 끊임없는
연구개발을 통해 헤쳐 나갔다.

의약품 제조에 있어서 기술력이 무엇보다도 중요하다는 사실을
잘 알고 있는 (주)바이오포커스는 부설연구소를 두어 꾸준한 연구

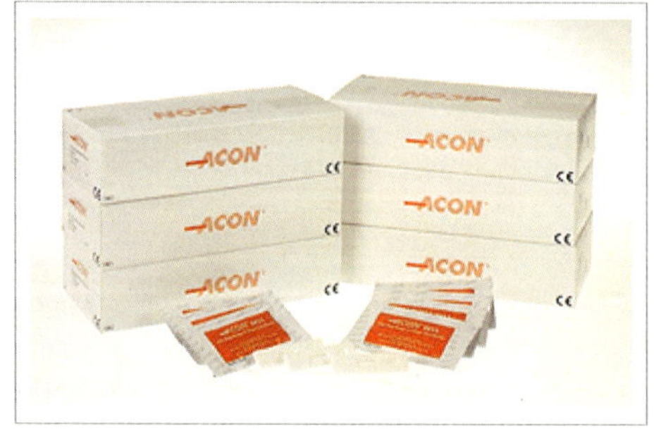

를 하고 있으며, 생산 분야에서도 설비능력을 키워 꾸준히 유지하고 있다.

2003년 품질체계를 갖추기 위해 ISO9001 품질인증을 획득하였고, 2005년에는 ISO13485 품질인증 및 CE 인증을 획득하기도 하였다. 또한 (주)바이오포커스는 중소기업청에서 주관하는 정부과제를 수행하기도 했는데, 2007년에는 인유두종 바이러스*에 의한 자궁경부암 진단키트 특허를 취득하였다. 모든 것이 기술력을 바탕으로 영업능력을 중시하는 (주)바이오포커스의 경영전략에서 나온 결과였다.

(주)바이오포커스는 국내뿐 아니라 해외 시장에서도 좋은 반응을 얻었다. 2004년에는 유럽의 인증마크도 획득해서 유럽시장에 진출하게 되었다. 세계 최대 바이오 의료기기 전시회인 독일 메디카 전시회에서 (주)바이오포커스는 고정 부스를 보유, 운영하고 있으며, 이를 활용해서 수출의 길을 열기도 했다. 또한 브라질, 러시아 등의 의학 관련 각종 전시회에 꾸준히 참가하고 있으며, 이를 통해서 해외에 (주)바이오포커스를 알리는 데에 적극적으로 노력하고 있다.

(주)바이오포커스는 진단키트 분야에서 코어기술을 가지고 고객

---

* 인유두종 바이러스는 일종의 DNA바이러스로 성관계를 통해 전파되며 남녀 모두 감염될 수 있으나 주로 여성에게서 문제가 된다. 여성에게서는 질 및 자궁경부의 편평상피세포에 서식한다. 일종의 성병인 곤지름의 원인인자로 알려져 있던 이 바이러스가 각광받게 된 것은 분자생물학의 발달로 이 바이러스의 특이한 DNA가 자궁경부암의 전구증상인 자궁경부 상피내종양의 90%에서 발견된 이후이다.

지향의 제품개발을 통해 세계 시장에 진출하는 것을 목표로 삼고 있다. 2008년 경영방침으로는 고객지향의 서비스, 시장지향의 연구개발, 미래지향의 경영방침을 잡고 있다. 또한 개인별 전문성을 제고하고, 품질원의 프로세스를 확립하며, 세계 일류 제품개발을 만들고, 일할 맛 나는 직장을 만드는 것이 (주)바이오포커스의 경영목표이다.

◦◦◦ 3. 독특한 아이템으로 차별화 전략

체외진단키트의 경쟁시장은 일반적으로 검진센터나 종합병원 쪽에 형성되어 있고, 여러 업체들이 비슷한 제품을 출시한 채 치열한 경쟁을 벌이고 있다. (주)바이오포커스의 신속진단키트(피 한 방울로 진단 결과를 바로 알 수 있는 제품)는 품질과 가격 경쟁력에서 우수한 제품으로 평가받고 있으며, 성장가능성도 크다고 판단하고 있다. 이에 (주)바이오포커스는 신속진단키트의 시장 점유율을 높이기 위해서 노력하고 있으며, 여러 업체들과 경쟁하고 있다. 현재 국내 시장은 상당 부분을 S기업이 주도하고 있으며, (주)바이오포커스와 A제약, B제약 등이 치열하게 경쟁하고 있는 상태이다.

(주)바이오포커스의 직원 수는 35명 정도 되며, 작년부터 비정규직 주부사원들도 정식직원으로 전환시켰다. 그중 연구소 직원이 8명이고, 나머지는 기타 생산, 관리, 영업 분야에서 일을 하고 있다. 현재 (주)바이오포커스는 연매출액을 20~25억 수준으로 유지하고 있다.

앞으로 (주)바이오포커스는 진단키트 분야에 더욱 매진할 계획을 가지고 연구개발을 진행하고 있다. (주)바이오포커스는 진단키트 분야에서도 특히 바이오센서, 바이오칩 등에 관심을 가지고 있다.

(주)바이오포커스가 비슷하지만, 다른 차별화 전략을 내세우게 된 이유는 현재 진단키트 분야의 시장이 포화상태에 이르렀기 때문이다. 지금 각 업체들은 치열한 가격경쟁을 벌이고 있다. (주)바이오포커스는 이러한 시장 상황을 극복하기 위해서 (주)바이오포커스만의 독특한 아이템을 개발하고 있는 것이다. 기존에 진단키트 외에도 전기 센서, 바이오칩 등 기술을 첨가시켜서 새로운 형식의 제품개발을 주력하고 있다. 전기신호로 수치를 직접 볼 수 있는 제품에 대한 개발이 현재 진행되고 있는데, 개발이 완료되는 대로 세계 시장의 진출도 모색할 계획을 가지고 있다.

(주)바이오포커스는 바이오 붐으로 인해서 초창기에 큰 성장을 이루었지만, 이후 지원금의 부족, 초창기 창업멤버들의 분화 등으로 어려움을 겪기도 했다. 그중 자금의 확보에서 가장 어려움이 있었는데, 이를 해결하기 위해 투자유치 및 기술협력 등으로 극복해 나가고, 전 직원들의 노력과 성과로 인해서 어려움을 타개할 수 있었다.

⁂ 4. 아웃소싱으로 중복투자를 막다

(주)바이오포커스는 치열한 경쟁에서 이길 수 있는 방법은 기술력 확보임을 잘 알고 있다. 특히나 가격 경쟁력을 내세운 업체들과의 경쟁에서 기술력은 큰 무기로 작용한다. 따라서 (주)바이오포커스는 모든 관련 기업이나 연구 기관의 기술력을 전수받고 협력하는 체계를 지속적으로 구축해 오고 있다.

(주)바이오포커스는 현재 '메타볼렙'이라는 업체와 단백질 합성 기술 및 항체제작 기술 분야에서 아웃소싱을 하고 있다. '메타볼렙'은 15명 정도의 직원을 보유하고 있으며, 이 업체는 서울대병원의 의사 및 교수들의 지원을 받고 있어서 기술력에 있어서는 상당한 신뢰를 받고 있는 업체라고 할 수 있다. '메타볼렙'은 의료기기 분야에서 상당한 기술력과 경험을 바탕으로 (주)바이오포커스에서 필요한 인력과 기술력을 보유하고 있는 셈이다. 이에 (주)바이오포커스는 '메타볼렙'과의 아웃소싱을 통해서 제품에 대한 믿음과 제품의 질을 높이고 있다.

'메타볼렙'과는 한 기술세미나 참석한 것이 계기가 돼서 아웃소싱을 진행하는 단계까지 오게 됐다. 기술세미나를 통해서 (주)바이오포커스와 '메타볼렙'이 비슷한 분야에 관심이 많고, 또 서로 필요한 기술력을 소지하고 있다는 것을 확인하게 되었다. 이에 양사의 대표는 협의를 통해서 기술을 공유하기로 결정하게 되었는데, 이는 아웃소싱 방식을 통해서 서로의 발전을 모색하게 된 것이다.

(주)바이오포커스는 '메타볼렙'과의 아웃소싱을 통해서 인적, 장

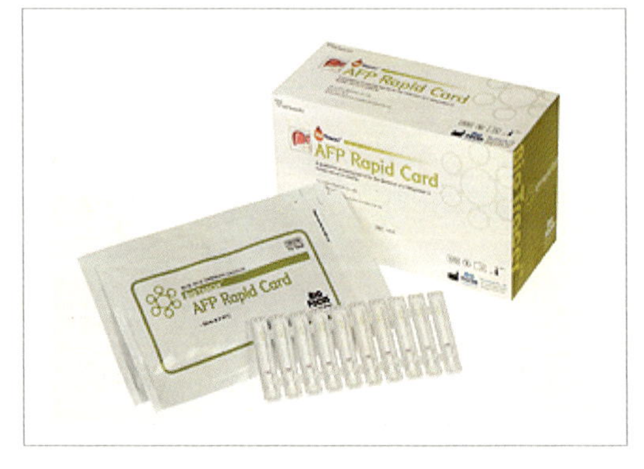

비 부분에 대한 중복투자를 막을 수 있었다. 또한 특정 부분에 있어서는 (주)바이오포커스보다 더 전문성을 가진 '메타볼렙'에 제품을 맡김으로써 제품을 질을 향상시킬 수 있었다.

이러한 필요성에 의해서 (주)바이오포커스는 모회사인 엠빅스를 통해서 '메타볼렙'의 주식 60% 이상을 사들여서 경영권을 취득한 상태이다. 같은 회사로서의 개념으로 아웃소싱을 진행하고 있기도 하다. 이와 같은 방식을 취한 이유는 장기적인 관점에서 안정적으로 기술력을 확보하기 위해서이다. 지속적으로 원활하게 아웃소싱을 하기 위해서 아예 계열사로 편입한 것이다.

(주)바이오포커스는 아웃소싱을 추진 및 기획하는 부서는 따로 있지 않으며, 회사 CEO와 상무이사가 관리부에서 함께 구상 및 추진하고 있다. 아웃소싱에 드는 비용으로는 연간 1~5억 원 정도 들고 있다.

'메타볼렙'과 아웃소싱을 한 이유는, 우선적으로 기술력이 뛰어나다는 판단을 하였고, 이후에 '메타볼렙'을 직접 방문하여 자산, 논문, 기술력 등을 평가한 뒤에 아웃소싱을 진행하였다.

현재 (주)바이오포커스는 아웃소싱 업체를 평가하는 매뉴얼을 따로 보유하고 있지는 않은데, 그 이유는 같은 분야의 회사이기 때문에 매뉴얼을 보유하고 있지 않더라도 경험이나 노하우, 지식 등으로도 충분히 판단할 수 있기 때문이다. 따라서 앞으로도 평가 매뉴얼을 보유할 의사는 없다.

5. 양사(兩社)의 장점을 부각시키는 길

(주)바이오포커스는 아웃소싱에 대해 90% 정도 만족하고 있는데, 첫 번째 이유는 기술력이다. '메타볼렙'은 뛰어난 기술력을 가지고 있었기 때문에 계열사로까지 편입시키는 무리수를 두었다. 또한 (주)바이오포커스가 해야 하는 업무의 부담을 덜어 주었다. 그리고 재정적인 절감 효과를 보고 있기 때문이다. 특히 중복투자(인력, 장비)를 방지해 주는 효과를 보고 있다. 또한 양사의 기술력에 대해서 훤히 알고 있기 때문에 정부과제를 수행함에 있어서 효율적으로 진행할 수 있다는 장점이 있다.

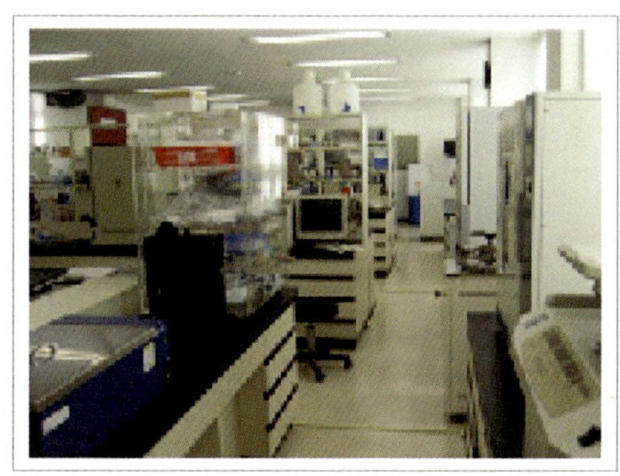

그러나 아웃소싱에 있어서 모든 게 장점일 수는 없었는데, 특히 인력 관리적인 측면에서 문제점이 나타났다. '메타볼렙'의 인력에 대한 (주)바이오포커스의 권리가 없어서 그 인력들을 관리하는 게 쉽지 않은 일이었다. '메타볼렙'의 구조조정 등 '메타볼렙'이 전담해서 맡고 있는 분야에 대해서는 전혀 통제할 수가 없었다. 또한 '메타볼랩'과의 업무량 조절이 문제가 되기도 했다. 하지만 슬기롭게 대처하여 현재 CEO나 직원들은 아웃소싱에 대해서 만족하고 있다.

(주)바이오포커스의 아웃소싱이 만족도가 높은 이유는, 첫째로 서로의 기술력을 서로 잘 이해하고 있었고, 둘째로는 서로 필요한 부분을 적절히 보완해 주는 시스템이었기 때문이라 생각하고 있다.

'메타볼랩'은 연구 중심의 마인드를 바탕으로 하기 때문에 사업성은 조금 떨어질 수 있지만 신기술개발에 대한 의지와 열의가 높다. 따라서 상당한 수준의 기술들을 다수 보유하고 있었다. 사업성이 떨어지는 문제점은 (주)바이오포커스가 바로 보완해 줄 수 있는 부분이었다. (주)바이오포커스는 초창기 영업마케팅 분야에 중점을 뒀었기 때문에 그 분야에 대한 경험이 많다는 장점이 있었다.

대신에 (주)바이오포커스의 기술력을 '메타볼랩'이 보완해 주고 있다. 즉 상호 보완적인 관계로 아웃소싱이 진행되었기 때문에 성공적인 아웃소싱이 될 수 있었다.

(주)바이오포커스와 '메타볼랩' 사이에서 문제가 발생하였을 경우에는 (주)바이오포커스가 문제 해결의 주체로 나서서 해결하고 있다. (주)바이오포커스가 '메타볼랩'을 비롯한 아웃소싱 공급업체에게 조금 더 바라는 점이 있다면, 아웃소싱 업무에 대해 조금 더 집중력을 갖추고 성실하게 임해 주었으면 하는 것이다.

6. 업종 간 교류의 확대로 아웃소싱의 활성화 꾀해야

(주)바이오포커스는 현재 타 분야에서도 아웃소싱을 진행하고 있으며, 앞으로는 완전 새로운 신규마커(질병표지물질 – 암 분야) 분야 및 신기술 도입 분야에서 아웃소싱을 진행할 계획이 있다. 그렇기 때문에 (주)바이오포커스의 향후 아웃소싱 규모는 더욱 커질 것으로 보고 있다.

(주)바이오포커스는 아웃소싱을 시행할 때, 우선 분야에 맞는 정확한 정보를 습득해야 함을 강조하고 있다. 이와 동시에 이종업종에 대한 관심도 지속적으로 갖고 있어야 할 것이다. 다른 분야의 기업들과 꾸준히 교류하게 되면 사업적인 기회를 포착할 수도 있고, 또 새로운 분야에 대한 개발 및 연구가 필요할 때에 쉽게 진척시킬 수 있기 때문이다.

아웃소싱이 활성화되기 위해서는 업체 간의 정보교류가 활성화되어야 할 것이다. 정부에서는 기술거래소를 활성화시켜야 할 책임을 무겁게 느끼고, 이에 적극 개입하여 업체 간의 원활한 거래의 장을 열어 주어야 할 것이다.

[아웃소싱 성과]

1) 바이오포커스사는 안정적이고 품질 좋은 항원과 항체를 당사로부터 공급받아 만족해하고 매출에도 기여하고 있다고 전해 들었다.
2) 당사의 기술력을 최대한 활용한 바이오포커스사는 진단시약사업의 다각화를 통해서 매출을 신장시키는 계기가 되었다.

[아웃소싱 활성화를 위한 기업적 / 정책적 기대사항]

영업력을 가진 많은 바이오 관련 회사들이 특정 우수한 기술을 원하는 경우가 많은 것으로 알고 있다.

그러한 회사들과의 네트워킹이 잘 이루어지지 않고 있기 때문에 이러한 네트워킹을 정부에서 주도적으로 추진해 주면 좋을 것 같다.

[회사 소개]

당사는 서울대학교 의학연구원 체력과학노화연구소(현, 서울대학교 노화·고령화사회연구소)와 서울의대 생화학교실의 연구 인력을 중심으로 설립된 바이오 연구개발 전문 벤처기업으로 상시 근무 종업원 수 10인 이상을 유지하며 노화 및 그 대사 과정에 대한 인체의 생체 기능과 방어 기능을 높이는 신물질을 개발하고 있다.

특히 퇴행성질환에 대한 물질의 효능 검색을 통해 신물질을 발굴하고, 이에 관련된 생체 내 기관연구와 Biomarker 연구를 수행하고 있다.

인테리어 자재원 Total Solution 기업 13.

:: 한솔홈데코와 삼성에버랜드

1. 자연, 문화, 인류의 만남을 통해 보다 나은 삶을 창조하는 한솔

2. 넘어지더라도 희망의 끈은 버리지 않는다

3. 한솔은 '미래'다

4. 에너지 비용절감을 통한 기업의 한계 극복

5. 정확한 성과도출로 아웃소싱의 긍정적 효과 알려

구분	발주사
업체명	한솔홈데코 **:Hansol** 한솔홈데코
주요업종	제조업 – 가구원자재 및 강화바닥재
대표명	오규현
주소	서울시 동작구 신대방동 395 – 70 전문건설회관 빌딩 27
홈페이지	www.hansolhomedeco.co.kr
요약	한솔홈데코의 건조공정 신규장비 설치를 담당한 것이 삼성에버랜드이다.

⁂ 1. 자연, 문화, 인류의 만남을 통해 보다 나은 삶을 창조하는 한솔

콘크리트가 삶을 뒤덮기 전에, 우리는 땅과 나무를 밟으면 살아가고 있었다. 자연에서 태어나 자연과 함께 살아온 우리네 인간들은 자연의 산물을 바닥에 깔고 몸을 붙이고 살아왔다.

특히 대청마루로 대표되는 한옥은 여름에는 시원함을, 겨울에는 따스함을 안겨 주는 자연의 모태를 그대로 간직하고 있다. 하지만 자연의 따사로움과 상쾌한 기분을 선사하는 대청마루는 어느덧 민속박물관에서나 찾아볼 수 있는 전통(혹은 추억으로 부르고 싶은 세대도 있을 것이다)으로나마 우리 곁을 떠나지 못하고 있다.

우리는 아스팔트라고 불리는 검은 석유 부산물을 밟으며 움직이고, 콘크리트라고 불리는 회색빛 바닥 위에 침대나 카펫이라는 서양의 산물을 깔고 잠을 청한다.

한솔홈데코는 갑갑한 도시에서 하루하루를 살아가는 사람들에게 우리네 할아버지 할머니께서 가졌던 조그마한 여유를 찾아 주고자 하는 소망을 가진 기업이다. 그 여유가 비록 하루의 반밖에 접촉이 허락되지 않는 나무 바닥일지라도, 항상 아스팔트와 콘크리트의 단단한 촉감에 젖어 있는 우리에게 작은 자연의 숨결을 느끼게 해 줄 수 있는 최소한의 공간이라도 선물해 주려는 선조들의 마음을 기업이라는 이름으로 표현하고 있다.

한솔홈데코는 1991년 12월 전주제지(現 한솔제지)의 산림본부에서 전주임산으로 분사한 후, 초기에는 한솔제지에 원목을 공급해 주고 조림사업을 관리하였다. 이후 1993년 동인보드를 인수하여 목재가공 분야에 진출하면서 사업다각화를 이루게 되었다.

1995년 4월에는 한솔포렘(주)으로 상호를 변경하였고, 2003년 5월 인테리어 시장에서 경쟁력 있는 업체로서의 자부심을 나타내기 위하여 '한솔홈데코'로 상호를 변경하여 현재에 이르고 있다.

2. 넘어지더라도 희망의 끈은 버리지 않는다

한솔홈데코의 주요 생산제품은 MDF, 강화마루 등의 가구 원자재 계통이며, 서울 본사를 주축으로 부산영업소, 호남영업소, 익산공장에 사업장을 두고 있다.

1995년 단일라인으로는 세계 최대 규모(연산 25만㎥)인 익산공장을 준공하면서, MDF(중밀도 섬유판) 등을 주요 생산품으로 하여 목재가공업에 본격적으로 진출하였다. 특히 익산공장은 무재해 7배수 달

성, 환경관리 우수업체로 환경부장관상을 수상하는 등 국내 업계 선
도자가 되기 위한 발판을 마련하였다.

대부분의 국내 기업이 IMF 외환위기 때 힘든 시절을 보냈다. 당
시 한솔홈데코 또한 경영상의 어려움이 많았다. 당시 폐업까지 고
려할 수준이었지만, 좌초하지 않고 최소한의 손실만을 남긴 채 슬
기롭게 극복해 냈다.

현재 한솔홈데코는 또다시 난관에 봉착해 있다. 한솔홈데코의 주
요 생산제품의 특성상 주요 매출은 국내 건설경기와 밀접한 관계
가 있다. 현재 국내 건설경기는 최악의 상태인데, 이로 인해서 한
솔홈데코도 위기를 겪고 있다.

한솔홈데코는 지금까지 겪어 왔고, 앞으로도 겪을 수 있는 일이
라고 생각하며 회사 전체의 역량을 하나로 모아 정면으로 돌파하
려는 전략을 수립하고 있다.

3. 한솔은 '미래'다

한솔홈데코는 '한솔은 기술이다', '한솔은 사람이다', '한솔은 미
래다'라는 경영 이념을 실천하고 있다. 기술로 대표되는 한솔은 기
업 활동의 모든 분야에서 끊임없이 기술 혁신을 하고, 이를 통해
초우량 기업의 실현이라는 목표를 가지고 있다. 사람으로 대표되는
한솔은 사람을 기업의 주체이자 기업 활동의 대상으로 인식하고,
사람을 통하여 기업의 성장을 도모하고, 사람에게 꿈과 보람의 터

전을 제공하는 목표를 가지고 있다. 마지막으로 미래의 한솔은 자율과 혁신에 바탕을 두고, 변화를 적극 수용하는 자세로 미래를 향해 도전하고 개척하는 정신을 담고 있다.

한솔의 경영이념은 지식경영과 신노사문화 창출로 절정에 다다른다. 지식경영은 조직원들이 새로운 지식을 지속적으로 발굴할 수 있도록 지원하고, 개발된 지식을 실제 경영에 반영함으로써, 새로운 지식을 발굴할 수 있도록 하는 지식순환 과정으로, 사원 모두가 신지식인이 되고자 하는 의지를 담은 것이다. 또 다른 경영 이념의 실천 창구로 신노사 문화는 낡은 의식, 관행, 제도를 선진화해 노사가 상호 신뢰와 존중을 바탕으로 참여와 협력을 실천하는 노동 공동체를 형성하는 데에 있다.

이는 경영이념 중에 하나인 '한솔은 사람이다'를 실천하는 방안이다. 인간 존중을 바탕으로 사람을 최우선으로 하는 경영을 추구하며, 경영이념 달성을 위해 근로자를 기업의 주체로 인식하고 있다. 임직원에게는 꿈과 보람의 삶터를 제공하고, 고객에게는 가치창출의 장을 제공하는 한솔홈데코는 그 경영성과를 고객, 주주, 임직원들과 함께 나누고자 노력하고 있다.

한솔홈데코에 종사하고 있는 직원은 약 200명 정도이며, 2007년도 매출액은 1,273억 원, 영업이익은 47억 원에 이르고 있다. 현재 한솔홈데코의 국내 시장 점유율은 업계 순위 4위이며, 경쟁업체로는 인천 소재의 동화기업과 선창기업, 군산 소재의 유니드가 있으나, 현재 한솔홈데코 경영전략은 시장 점유율 1위 탈환보다는 현재 사업의 기반 조성과 경쟁력 있는 체계로 조직을 구성하여 신규 사업을 통한 회사의 확장에 있다. 현재 한솔홈데코의 궁극적인 목표는 건축자재의 총괄적인 메이커로서의 자리매김을 하는 것이다.

한솔홈데코의 전체 매출액 비중에서 수출이 차지하는 비중은 5% 이하로서 국내 시장을 위주로 활동하고 있다.

한솔홈데코의 큰 장점은 제품의 품질과 조직의 인력 구성에 있다.

타사 제품에 비해 우수한 품질 경쟁력을 보유한 한솔홈데코의 제품은 각종 KS마크 인증 획득, 우수업체와의 전략적 제휴, 공정과정의 혁신화, 신기술 도입 등을 통해서 품질에 대한 호평을 받고 있다.

또한 '한솔은 사람이다'라는 경영이념을 통해 근로자를 기업의 주체로 인식하여, 근로자들의 창의적인 참여경영을 통해 발전을 꾀하고 있다. 경쟁력 있는 임금 및 복지제도와 성과보상으로 직원의 만족도를 향상시키고 있으며, 각종 사회봉사활동과 산학공동연구개발은 물론이거니와 회사 시설을 개방하여 현장 체험 및 교육장소를 상시 제공함으로써 지역사회와 함께하고자 노력하고 있다.

그 결과 정부 차원에서 추진 중인 신노사문화 사업에 적극 참여하여 '신노사문화 우수기업' 대기업부문 대상을 수상하기도 하였다.

::: 4. 에너지 비용절감을 통한 기업의 한계 극복

한솔홈데코는 목재라는 천연자원을 가공하여 제품을 생산하는 기업이다. 하나의 물질을 다른 형태로 변환하기 위해서는 많은 에너지가 필요하다. 따라서 한솔홈데코는 많은 양의 에너지를 사용할 수밖에 없는 태생적 한계를 가지고 있다.

문제는 이러한 에너지 사용이 기업의 이익 구조에 큰 영향을 미친다는 데 있다. 기업이라면 응당 생산단가를 줄여서 이를 제품가격에 반영하여 낮은 가격으로 시장 경쟁력을 높이거나 기업의 이익률을 높여야 한다. 하지만 높은 에너지 사용 구조를 가졌다면 비용적인 측면에서 상당한 타격이 될 수밖에 없다. 따라서 한솔홈데코는 에너지 비용 절감을 위해서 다각적인 노력을 지속해 온 결과 아웃소싱을 결심하게 되었다.

에너지 절감 노력의 일환으로 한솔홈데코 익산공장의 경우 생산공정의 변화를 위해 외부업체를 영입함으로써 신규 장비 구축을 위한 WIN – WIN 전략을 추진하였다. 기존의 한솔홈데코 익산공장은 에너지 소비로 인한 손실액이 연간 30∼40억 원에 육박하였다.

이러한 점에 착안하여 한솔홈데코 익산공장의 중간관리자인 이범성 팀장이 새로운 대안으로 제시한 점이 열교환기 설치였다. 한솔홈데코

자체적으로 열교환기개발과 설치에 많은 비용과 인력을 투여할 수
는 없었다. 고액의 투자비용에 따른 부담과 투자 대비 회수 비용이
미흡하다고 생각한 것이다.

한솔홈데코는 아웃소싱을 통해서 열교환기를 설치하였다. 최근에
개발된 신개념의 열교환기가 적합하다고 판단되어 현재의 신공정
라인을 구축하였다. 사업비의 투자는 ESCO(에너지절감전문기업 투
자사업)* 사업에 의한 지원으로 실행되었다.

한솔홈데코의 배출 시스템은 드라이어에서 많은 에너지를 포함
하고 있는 고온 다습한 배기가스가 회수되지 않고 배출되어 에너
시 손실효율이 발생하고 있는 문제섬을 가지고 있었다. 이러한 배
출 시스템에 물 유동층 열교환기를 설치하여 배기가스의 에너지를
드라이어 급기 및 기타 스팀사용처에 공급하여 스팀을 절감하는
기술을 사용하게 된 것이다.

사업 수행 전에는 건조 공정의 건조기에서 고온 다습한 다량의
배기가스가 그대로 배출되고 있었지만, 사업 수행 후 배기되는 습
공기가 가지고 있는 고온 다습한 잠열 이용을 극대화하고, 습공기
내에 포함된 Fiber를 동시에 제거할 수 있도록 시스템화하여 공정
용 온수 및 급기 가온에 사용되던 스팀을 절감하고 있다.

현재 구축된 한솔홈데코의 건조공정 신규장비 설치를 위해 계약을
맺고 시행한 업체는 '삼성에버랜드'다. 당초 열교환기에 대한 특허를
'삼성에버랜드'가 아닌 (주)첨단에너지에서 보유하고 있어 (주)첨단에

---

* 에너지 사용자가 에너지 절약을 위해 에너지 사용시설을 개체 또는 보완할 의사가 있음에도 불
구하고 기술적·경제적 부담으로 인해 사업추진이 어려울 때 에너지절약전문기업이 에너지 사
용자를 대신하여 당해시설에 선투자한 후 투자시설에서 발생하는 에너지 절감액으로 투자비와
이윤을 회수하는 사업.

너지 측에 발주를 주려 하였으나, '삼성에버랜드'가 (주)첨단에너지와 MOU 체결을 맺은 협력관계이며, ESCO 사업체가 '삼성에버랜드'임을 감안하여 '삼성에버랜드'와 협력하여 공사를 마치게 되었다.

2007년 4월, 1년간의 설치공정을 마친 후 열교환기 가동이 시작되었으며, 공정기간 동안 '삼성에버랜드'의 직원 중 상주인력 4명, 비상근직 30여 명이 파견을 나와서 익산공장의 열교환기 설치 작업에 투입되었다. 열교환기 설치비용은 당해 약 42억 원이 투자되었으며, 열교환기의 연간 관리비용은 약 3천만 원이 소요되고 있는 상황이다. '삼성에버랜드'에서 설치한 현재의 열교환기를 직접 관리하고 있는 한솔홈데코 내부 전담부서는 없으나, 손쉬운 작업관리기법으로 인해 팀장 단독으로 장비를 위임받아 설비를 가동시키고 있다.

열교환기는 대중적이지 않고 특수 분야인 관계로 발주업체 선정부터 다소 어려움이 있었으나, 별 무리 없이 지금의 열교환기 설치 작업을 완료하게 되었다. 다만 세계 최초로 공장에 열교환기를 설치하는 관계로 일부 설비 부분 설치에 있어서 공정 후에 약간의 수정사항이 발생하기도 하였으나, '삼성에버랜드' 측의 적극적인 협조로 인해서 그러한 문제점은 쉽게 해결할 수 있었다.

현재 '삼성에버랜드'가 한솔홈데코의 열교환기를 지속적으로 관리하기 위해 운영하는 전담부서 및 전담인력은 없으며, 설치공정

완료 후 기본적인 공사도면, 운영매뉴얼 등을 전달해 주었다. 문제점 발생할 때에는 상시적인 연락을 통해 개선하고 있다.

⁙ 5. 정확한 성과도출로 아웃소싱의 긍정적 효과 알려

익산공장 열교환기 설치로 인해 한솔홈데코에서 가장 큰 이익을 본 것은 비용적인 측면이다. 최초 열교환기 설치에 투여되는 비용이 제안자의 정확한 데이터 분석을 통해서 향후 2년 안에 투자비용을 회수할 수 있다는 점이 강조되었기 때문에 지금의 열교환기 설치작업이 경영진 및 내부의 반대 의견 없이 원활히 진행될 수 있었고, 그 결과도 성공적이었다.

현재 여러 기업들이 유가급등에 따른 에너지 지출 비용의 증가로 원활한 기업 운영의 걸림돌이 되고 있는데, 한솔홈데코는 지난 1년 기준으로 열교환기 설치로 인해서 약 35~40억 원의 금액을 절감하는 효과를 거두었으며, 투자비용 대비 회수비용이 이미 100%에 육박하고 있는 상태이다.

향후 한솔홈데코의 익산공장에서는 이번 열교환기 설치를 교훈 삼아서 새로운 에너지 절감을 위한 노력을 다각적으로 할 것이다. 무엇보다도 세계적으로 에너지 비용이 상승하여 많은 기업들이 곤란을 겪고 있다. 이에 따라서 각 기업들은 사활을 걸고 에너지 절감과 대체를 위해 노력하고 있다. 한솔홈데코 역시 그러한 흐름에 발맞추고자 하고 있다. 이러한 세계적 흐름에 발맞추기 위해서는

ESCO와 같이 고도의 기술력이 필요한 분야에 대해서는 정부 지원이 활성화돼야 할 것이다. 이는 곧 ESCO 분야의 아웃소싱 업체들의 기술력을 살리는 길이기도 하다.

품질 향상과 기업 이미지를 제고하는 아웃소싱 14.

구분	발주사	공급업체
업체명	성보잉크	SGS TESTING KOREA
주요업종	제조업-그라비아 잉크	측정대행, 환경과련 엔지니어링
대표명	이용일	권이성
주소	경기도 시흥시 정왕동 1252-2 시화공단 1다 402-1	경기도 안양시 동안구 호계동 555-9 디오밸리 322호
홈페이지	www.sungboink.co.kr	www.kr.sgs.com
요약	전 세계 환경 유해물질 규제에 대응할 수 있는 정밀분석 리포트 제공	

≫ 1. 국내 그라비아 잉크의 선구자, (주)성보잉크

잉크의 기원에 관해서는 여러 의견이 분부하지만, 학계의 정설에 의한 시초는 유연(油煙) 또는 목탄을 원료로 한 탄소덩어리에서 비롯되어 고대 이집트에서는 B.C. 4000년대 말부터 사용되었다는 설이 가장 일반적인 통설로 알려져 있다. 과거의 탄소덩어리는 검은색 선으로 단순한 도형, 형상을 표현하는 수준이었다.

하지만 오늘날에는 인간이 눈으로 인식하지 못할 만큼의 다양한 색상을 표현하는 잉크라는 형태로 발전되어 있다.

우리는 매일 아니 매분, 매초와 같이 짧은 시간에도 수많은 색들을 만나게 된다. 특히 종이나 비닐, 플라스틱과 같이 흔히 접할 수 있는 물건들은 여지없이 알록달록한 색들로 물들어 있다. 이러한 색을 가진 물건(또는 제품)들은 우리가 먹고, 마시고, 사용하는 물건을 담은 거의 모든 용기나 포장에 사용되고 있다.

색의 미적 가치는 현대에 들어와서 더 진가를 발휘하게 된다. 소득수준 향상 기술의 평준화 확대로 디자인이 강조되는 오늘날, 색의 미적 가치는 중요한 요소로 자리 잡는다. 소비자들이 어떤 물건을 선택함에 있어서, 그 제품이 가진 내용적 특성도 중요하지만, 겉을 장식하고 있는 포장을 우선하고 있는 것이다. 단순히 검은 색으로 제품의 이름만을 써 놓은 포장과 다양한 색상으로 제품의 모양을 포장한 제품 중 어느 것에 먼저 손이 갈지는 충분히 추측할 수 있다.

(주)성보잉크는 연포장용 그라비아* 잉크와 연포장용 우레탄 접

---

* 볼록판과 반대로 판의 움푹 들어간 부분에 잉크를 채워, 튀어나온 부분의 불필요한 잉크를 긁개
(Doctor)라고 하는 금속제 기구로 긁어내어, 움푹 들어간 부분의 잉크를 압력(인압)을 걸어

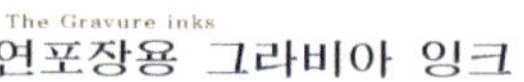
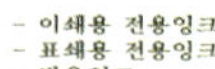

착제를 제조·판매하는 기업이다. 그라비아 인쇄는 오목판 인쇄 중 사진 기술을 응용하여 화학적 부식 방법 등을 사용한 인쇄방법으로 농담이 풍부하고 강한 느낌을 줌으로써 각종 서적, 상업 인쇄물, 미술 인쇄물, 플라스틱 필름, 건축재료 등 우리가 주변에서 사용하거나 볼 수 있는 거의 모든 재료의 표면을 인쇄하는 데 사용되고 있다. 따라서 (주)성보잉크의 제품은 사용 범위가 굉장히 넓다고 볼 수 있다.

(주)성보잉크가 회사를 설립할 당시 그라비아 잉크를 제조하는 업체가 많지 않았다. 생소한 분야로서 성장가능성이 크다고 판단한 현재 CEO의 판단으로 1977년 10월 1일 설립되었다.

현재 (주)성보잉크는 설립한 지 30년이 훌쩍 넘었다. 그 규모도 큰 우량기업이지만 초창기 (주)성보잉크는 성수동의 10평도 안 되는 사업장에서 출발하였다. 이후 기술개발 및 차별화 전략으로 김포로 공장을 이전, 확장을 하였으며, 1997년에 안산 시화공단에 입주하여 현재와 같은 모습을 갖추게 되었다.

2008년 11월 현재 (주)성보잉크에서 근무하고 있는 종업원 수는 총 42명이며 이들의 노력과 땀으로 2007년에 총매출액은 154억이라는 성과를 올렸으며, 2008년에는 170억 원 정도로 매출액이 10% 정도 증가할 것으로 예상하고 있다.

피인쇄물에 전이시키는 방식이다. 이 방식은 지폐, 우표의 인쇄에 채용되고 있는데, 금속판을 직접 조각한 조각오목판인쇄와 사진기술을 응용한 금속롤을 부식제판하여 서적인쇄, 회화의 복제, 플라스틱필름으로 인쇄 등 광범위하게 사용되고 있는 그라비아인쇄(Intaglio Printing, Gravure printing)가 있다.

최근까지도 꾸준하게 성장하고 있는 (주)성보잉크는 매출액 기준
으로 2005년과 2006년 사이 25% 정도의 급성장을 이루었고, 이후
2007년까지 15% 성장하는 등 매년 큰 폭의 성장을 지속하고 있다.

▶ 2. 굳건한 시장 상황은 스스로 개척하는 것

2008년 현재 (주)성보잉크
의 총 매출액의 약 3% 정도
를 동남아시아의 3개국에 수
출을 하고 있으며, 이외 다른
국가를 대상으로도 지속적인
영업 활동을 펼치고 있다. 본
래 잉크 관련 제품은 국가 간
의 거래가 많이 이루어지지
않고 있다.

세계적으로 일본 제품이 시장을 많이 점유하고 있어서 경쟁이
어려운 분야로 널리 알려져 있었다. 하지만 (주)성보잉크는 이러한
통상적 관념을 무너뜨리고자 부단한 노력을 기울인 결과 그나마
해외 수출의 물꼬를 트고 있는 상황이다. 현재 수출의 비중은 비록
크지는 않지만 서서히 증가하고 있다. 특히 (주)성보잉크는 현재 그
라비아 잉크 업계에서는 1~2위를 다툴 정도로 기술력과 품질을
갖고 있어서 시장에서 상당히 높은 평가를 받고 있다.

국내에서 (주)성보잉크 제품의 점유율은 2008년 현재 30% 정도
로 추정되고 있다. (주)성보잉크가 이렇게 성장할 수 있었던 것은
회사의 안정적인 경영에서 그 이유를 찾을 수 있다. (주)성보잉크는
비록 규모가 작을지라도 300개 정도 되는 고정 거래처를 꾸준히
유지하고 있어서 매출의 기복이 심하지 않다. 이것은 곧 탄탄한 경
쟁력으로 발휘되고 있어서 동종업체 간의 경쟁에서도 선두주자로
나갈 수 있는 요인으로 작용하고 있다.

3. 기술개발을 통한 성장 확대

(주)성보잉크는 2003
년 ISO9001을 획득하
였고, 2008년 10월에
ISO14001을 추가적으
로 획득하는 등 품질
인증 부분에 많은 노력
을 기울여 왔다. 2005
년에는 기업부설연구소
의 설립 인가를 받았고, 그해 부품소재 연구개발 기업으로 인정받
기도 하였다.

특히 2005년은 (주)성보잉크에게 있어서 각별하다. 타사 제품과
의 차별화 전략 중 하나로 우레탄 합성사업을 시작한 해이기 때문

이다. 잉크산업에 있어서 제품의 성능을 판단하는 데에는 합성수지의 질이 가장 근간이 된다.

(주)성보잉크는 우레탄 합성사업을 통해 제품의 질을 높이고, 차별화 전략을 실현함으로써 고성장을 통한 높은 수익을 올리게 되었다. 제품의 우수성을 널리 인정받고 있는 것이다.

또한 투명경영원칙을 고수하여 2007년에는 기업 대표가 재경부로부터 성실납세자 상을 받는 등 투명한 기업으로 대외적으로 인정받고 있다. (주)성보잉크는 기업 간 신뢰 및 제품의 품질, 뛰어난 인력양성을 기업 경영의 최우선원칙으로 삼고 있다.

(주)성보잉크 제품은 타사 제품에 비해 비교적 가격대가 높음에노 불구하고, 질 높은 제품생산과 신속하고 정확한 A/S를 기반으로 부동의 국내 1인자로서의 위치를 확고히 다져 가고 있다. 최근에는 잉크 관련 제품개발도 꾸준히 하면서 전자관련 코팅 분야 사업으로 영역을 확대하고 있다. (주)성보잉크는 친환경 제품과 전자제품 관련 코팅 분야 사업에 주력하여 기업 성장을 위해 많은 노력을 기울이고 있다.

4. 기술력을 바탕으로 한 품질

(주)성보잉크가 국내 1위의 경쟁력과 시장 점유율을 가진 배경은 적극적인 시장 공략의 결과이다. 적극적인 시장 공략을 위해서는 우선 강력한 리더십을 가진 CEO와 전 직원이 하나로 뭉쳐서 만들어 낸 추진력을 바탕으로 한 경영 방식을 들 수 있다.

그리고 또 한 가지 중요한 것을 들라면 기술투자라고 볼 수 있을 것이다. 어차피 치열한 경쟁에 놓여 있다면 상대방보다 조금 더 우수한 품질을 가진 제품을 시장에 내어 놓는다는 차별화 전략으로 경쟁력 우위를 점해야 할 것이다.

가격 경쟁력에서는 조금 밀릴 수 있어도 소득수준이 향상된 소비자들은 품질이 우수한 제품을 선호하기 마련이다. 물론 기술력과 더불어 기업에 대한 신뢰 제고와 사후 관리라는 서비스 요소도 필요하다. 하지만 제조 중심의 중소기업이 내어 놓을 수 있는 최고의 선택은 무엇보다도 기술력을 바탕으로 한 품질이다.

░ 5. 제품의 안정성 확보를 위한 필수조건

(주)성보잉크 역시 품질에 무엇보다 신경 쓰고 있다. 특히 인체와 직접적인 접촉이 잦은 잉크의 경우 무엇보다 안전성 확보가 중요하다. 그렇기 때문에 안전성 확보를 위한 시험분석이 필요조건이다.

업계 1위 자리를 차지하고 있는 (주)성보잉크이지만, 아직까지 규모로는 대기업의 위치에 올라섰다고 볼 수 없다. 따라서 자체 기술과 인력만으로는 바이어들에게 인정받을 수 있는 시험분석을 수행할 수 없다. 즉 일정 수준 이상의 장비와 기술력을 가지고 공신력을 얻고 있는 기업이나 기관에 시험분석을 의뢰할 수밖에 없다. 이러한 방식은 우리가 흔히 일컫는 아웃소싱이라고 할 수 있다.

현실적으로 (주)성보잉크가 아웃소싱을 도입하게 된 배경은 외부적으로 규모 경제와 글로벌 경쟁에 신속히 대응할 필요가 제기되었고, 내부적으로 비용절감 및 인력감축의 필요성이 증가한 데서 그 원인을 찾을 수 있다.

또한 (주)성보잉크는 화학분석장비를 사용해 유해물질, 전도성 등을 파악하는 데 1억 이하의 저가 장비는 갖추고 있었지만, 고가의 화학분석장비를 갖추지 못하고 있었다. 따라서 이를 개선하기 위한 방안으로 아웃소싱을 추진하게 되었다. 즉 아웃소싱을 통해서 객관성을 확보할 수 있는, 권위 있는 업체의 제품 분석으로 신뢰성을 확보할 수 있다는 점이 (주)성보잉크가 아웃소싱을 추진하게 된 결정적 이유였다.

현재 (주)성보잉크와 아웃소싱을 하고 있는 'SGS'는 시험분석 분야에서는 세계 1위이다. 'SGS'는 세계적인 분석회사로 정기적인 기술력 인증을 통해서 신뢰성은 물론 기술력까지 인정받는 회사이다.

특히 'SGS'는 검증, 검사, 시험 및 인증서비스까지 투명하고 단일한 네트워크를 갖추고 있다. 또한 각 분야별로 전문성을 기반으로 하여 신속할 뿐만 아니라 요구사항에 부합되는 비용의 효율성을 위한 최상의 해결책을 제시하고 있으며, 비즈니스 환경에 적합한 일관된 서비스를 기업에 제공하는 기업으로 널리 알려져 있다.

'SGS'를 통한 아웃소싱 처리 이후, (주)성보잉크 직원들은 아웃소싱에 대해서 긍정적으로 생각할 뿐만 아니라 그 필요성에 있

어서도 절대적인 지지를 보내고 있다.

제품의 객관성을 얻기 위한 아웃소싱을 상당히 긍정적으로 판단하고 있는 것이다. 직원들은 회사의 연구 분야를 아웃소싱함으로써 다양한 아이디어를 가진 무한한 상품을 개발할 수 있는 통로를 확보할 수 있다고 생각하고 있다.

(주)성보잉크에서 아웃소싱을 추진 및 기획하는 것은 자체 연구소에서 담당하고 있으며, 현재까지 10년 이상 'SGS'와 아웃소싱 관계를 유지하고 있다. 아웃소싱을 추진하는 방법은 따로 계약하는 것이 아니라 프로젝트마다 의뢰해 아웃소싱을 하고 있다.

현재 시험분석 분야의 아웃소싱은 연매출에서 1% 미만인 1,000만 원 이하 선에서 아웃소싱을 진행하고 있다. 이것은 (주)성보잉크 전체 매출액에서 보자면 그 비율이 아주 미미하지만, 일의 중요성으로 봤을 때는 절대적으로 필요한 부분이라 할 수 있다.

⚏ 6. 모두가 만족하는 아웃소싱

현재 (주)성보잉크의 아웃소싱 추진에 대해 경영진 및 하위 직원 90% 이상이 만족하고 있는 상황이다. 만족하는 이유로는 'SGS' 자체가 체계적이고 정확한 일처리를 하고 있으며, 데이터 신뢰성에 있어서도 뛰어나기 때문이다. 오히려 'SGS'를 통한 아웃소싱에 대해서 상당한 기대감을 갖고 있기도 하다. 아웃소싱을 통해서 회사의 대외적 신뢰성을 획득하게 되었고, 이를 활용해서 긍정적인 회사 이미지를 홍보할 수 있다.

특히 (주)성보잉크가 'SGS'사와 아웃소싱을 하기 전에는 다른 연구소에 시험분석을 의뢰했었는데, 이 당시에는 데이터의 신뢰성을 주지 못해서 계약 등의 어려움이 있었다. 하지만 'SGS'와의 아웃소싱을 통해서 이러한 문제점을 일거에 해결할 수 있었고, 신뢰성과 객관성을 동시에 얻어서 대기업과의 거래도 성사하게 되었다.

현재 아웃소싱을 통해 인력 대체 효과적 측면에서의 효과는 없다는 지적이 있기는 하지만, 오히려 재정적으로 매우 긍정적이라 평가받고 있다. 아웃소싱 금액이 연간 매출액의 1% 미만을 차지하고 있어서 고액의 장비를 사들여야 하는 재정적인 낭비를 줄일 수 있다는 효과를 보고 있다.

또한 아웃소싱을 추진함으로써 제품을 설계하고 설계한 대로 제품의 성능이 발휘되는지 유무를 정확하게 확인할 수 있다는 효과가 있었고, 신제품 개발을 할 때 역시 유용하게 활용되고 있다.

(주)성보잉크와 'SGS'사의 아웃소싱 성공요인으로는 'SGS'사가 국내외에서의 검증된 능력과 신뢰성 등을 바탕으로 정확한 제품 분석결과를 도출해 냈기 때문이다.

아웃소싱의 문제점을 찾자면, 'SGS'의 시험분석 의뢰비용이 고가라는 것이다. 물론 가격을 낮춰 줬으면 하는 바람을 가지고 있긴 하다. 그렇긴 해도 인지도나 신뢰성이 뛰어나기 때문에 (주)성보잉크는 현재의 관계를 계속 유지하고 있다.

'SGS'의 기술력 체계는 아주 뛰어나 전체적으로 만족하고 있으며, 또한 주인의식을 가지고 일함과 동시에 자신들의 일을 자부심을 가지고 열심히 하고 있기 때문에 더욱 신뢰하고 있다. 만약 양사 간의 문제가 발생하였을 경우 문제해결의 주체는 (주)성보잉크가 되는데, 문제해결을 위해서 (주)성보잉크는 'SGS'의 연구원들과 협의를 진행하고, 필요할 경우에는 다시 테스트를 의뢰하고 있다.

(주)성보잉크는 현재 타 분야에서는 아웃소싱을 하고 있지 않다.

그러나 앞으로 비용이 많이 드는 데 비해 효율성이 떨어지거나, 작업의 공정이 어려워서 전문성이 필요할 때에는 전문성을 가진 기업이나 기관에 아웃소싱을 맡길 계획이다.

따라서 정부가 재정 기반이 취약한 중소기업들이 마음 놓고 아웃소싱을 맡길 수 있도록 재정적 지원을 위한 인프라를 구축하길 바라고 있다.

아웃소싱 공급업체의 의견

〚아웃소싱 성과〛

별도의 설비투자나 인원 충원 없이 각각의 고객사의 요청에 따른 다양한 환경 유해물질 함유 여부를 전 세계적으로 신뢰도가 높은 분석기관에 아웃소싱을 진행함으로써 환경 무역장벽을 넘을 수 있고, 제품의 친환경성을 입증할 수 있는 근거자료를 확보할 수 있다.

〚아웃소싱 활성화를 위한 기업적 / 정책적 기대사항〛

아웃소싱이 가능한 분야별 전문기업들을 리스팅하여 인터넷 및 책자 등을 통해 적극 홍보함으로써 해당 분야에 전문지식이 없는 공급사에서도 신뢰성 있는 아웃소싱 수요사와 접촉이 일어날 수 있는 창구를 넓히는 정책을 실행해 주시기를 바란다.

〚회사 소개〛

스위스 제네바에 본사를 두고 있는 Global Company인 SGS 그룹은 국내에는 550여 명, Lab Testing Service 사업부에는 80여 명의 전문가들이 전기전자, 섬유, 완구, 식품, 환경 등 다양한 분야에 화학 정밀분석 서비스를 제공하고 있으며 여러 분야의 ISO17025 인증을 취득하고 있다.

새로운 연료를 발판으로 도약하다 15.

구분	발주사	공급업체
	코스모화학(주)	정산이앤티(주)
업체명		
주요업종	(비철금속)제조업 - 이산화티타늄	M&R, 엔지니어링 (기계, 건설, 환경)
대표명	백재현	강선구
주소	인천시 서구 가좌동 556-15번지	인천시 서구 가좌동 556-1
홈페이지	www.cosmochem.co.kr	www.jeongsan.co.kr
요약	공무과, 전기과, 에너지과(유틸리티포함) 아웃소싱	

⁂ 1. 국내 유일의 이산화티타늄 제조업체

우리는 생활의 윤택함을 위해 많은 전기·전자기계들을 사용하고 있다. 흔히 전기·전자제품이라고 하면 회로나 전기가 흐르는 금속을 생각하는 사람들이 많다.

하지만 우리가 사용하는 전기·전자제품, 특히 고가제품에 이산화티타늄(Tio_2)이 사용된다는 것을 아는 사람은 그리 많지 않다. 어떤 경제지에서는 국가 발전 정도를 이러한 이산화티타늄 사용량으로 측정하는 경우도 있을 정도다. 그만큼 실생활에서 많이 사용되는 것이 이산화티타늄이다. 현재 국내에서 이산화티타늄을 제조하는 업체로는 코스모화학이 유일하다.

코스모화학은 이산화티타늄을 만드는 화학회사이다.

'한국지탄공업'이라는 이름으로 서포에서 1968년에 창업하였으며, KA－100이라는 이산화티타늄 제품을 생산하였다. 그러나 곧 난관에 부딪히고 만다. 서포에서는 폐수처리 문제로 공장을 더 이상 가동하기가 어렵게 된 것이다. 그래서 1971년에 인천에 새로이 공장을 준공하면서 이전하게 된다. 그 후, 성장을 거듭하여 1999년에는 온산 제2공장을 준공하게 되었다. 하지만 2002년도에 법정관리를 받게 된다. 2003년도에는 코스모화학으로 사명을 변경하면서 제2창업 선포식을 하였다.

코스모화학은 많은 우여곡절을 겪게 된다. 워크아웃, 인수합병 등 많은 어려움을 겪으면서 현재의 코스모화학으로 새롭게 거듭나게 된다.

현재 코스모화학은 600여 개의 기업에 납품을 하고 있다. 이산화티타늄을 제조하려면 고도의 기술이 필요한데, 국내에서는 코스모화학만이 이 기술을 가지고 있다. 실질적으로 독점기업인 셈이다. 경쟁업체는 일본, 중국, 미국 업체 등이 있지만, 단일회사로는 코스모화학이 가장 큰 규모를 자랑하고 있다.

⁂ 2. 새로운 연료를 찾아라

코스모화학 제품생산과정을 살펴보면 제품원가의 34%를 유틸리티비용이 차지한다. 그리고 그중에서 연료가 가장 많은 비중을 차지하고 있다. 따라서 그동안 사업을 진행하면서 고유가로 인한 어려움이 많았다.

특히 2006년도부터는 적자 누적이 기업 경영을 위협할 만큼 심해졌다. 그 당시에는 주연료로 벙커시유를 쓰고 있었는데, 단가가 460원이었다. 그 단가로는 생산을 하면 할수록 적자였다. 게다가 국내 가격의 70% 정도 가격으로 중국산 제품들이 들어오면서 코스모화학은 점점 더 어려워지게 되었다.

2006년에 이듬해 사업계획을 구상하는데, 사업계획 자체가 어려울 지경이었다. 연료비로 인한 적자 상황이 개선되지 않는다면, 더 이상의 사업 유지는 어려워 보였다. 기존에 쓰고 있던 벙커시유 0.3% 저유황과 4%짜리 고유황의 단가가 60원 차이가 났었다. 코스모화학이 연료로 연간 2,000톤 정도를 쓰고 있는데, 이렇게만 바

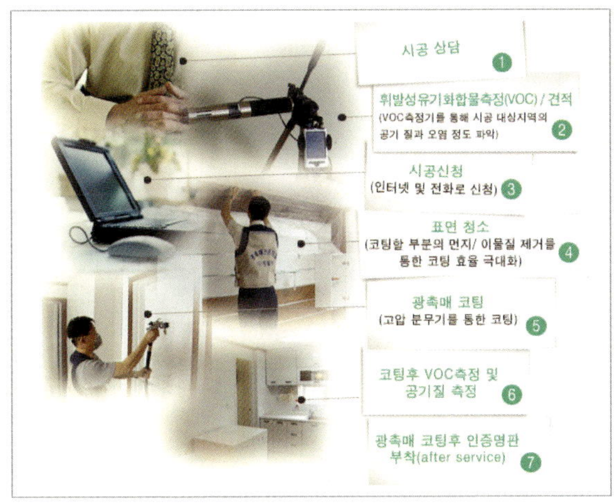

꿔도 12억 정도 절감이 되는 상황이긴 했지만, 근본적인 대책은 되지 못했다. 어떻게든 연료비 절감으로 회사의 적자를 타계할 방법을 찾아야 했다.

당시 공무팀 과장으로 재직 중이던 팀장이 이에 대한 아이디어를 내게 된다. Petro Cokes라는 연료를 활용하자는 것이었다. Petro Cokes는 석유를 정제하고 최종단계에서 남는 부유물로서 고체 형태의 연료이다. 이것을 기존에 사용하고 있는 업체도 있었는데 보일러연료가 아니라 로우로 약간씩 섞어서 쓰고 있었다. 코스모화학은 이를 사용할 수 있겠다고 생각한 것이다.

그러나 고체연료사용승인이 문제였다.

지역적으로 수도권이나 기타 대도시는 환경적인 이유로 고체연료사용 금지지역으로 정해져 있었다. 먼저 해당 공무원들을 설득시켜서 환경 관련 법안을 푸는 것이 중요했다. 담당부서 팀장은 승인을 받기 위해서 각 해당 관공서를 매일같이 들락거렸다. 서구청 환경과 직원과 마찰도 많았고, 무엇보다 회사 사정을 설명하느라 힘들었다.

시청, 환경부, 산자부도 설득을 시켜야 했고, 심지어는 국무총리 산하에 있는 고충처리위원회까지 갔다. 간신히 서구청 환경과를 설득해서 고체연료사용승인을 받게 되었다. 가장 큰 우려인 환경문제에 대해서는 적당한 환경시설만 갖추면 기존 보일러보다 유해가스가 덜 나온다는 확신을 갖고서 설득하여 사용승인서를 받은 것이다.

또한 회사가 원료비 문제로 문을 닫게 되면 200여 명이 넘는 인천공장 직원뿐만이 아니라 코스모화학과 관련된 업체들까지 영향을 미쳐 수천 명이 실직할 수도 있는 문제였다. 이런 상황들을 들어서 관청 설득에 성공하여 결국 법이 개정되었고, 고체연료사용승인이 떨어졌다. 승인이 나자마자 바로 개발에 들어가야 했다. 연료비 때문에 공장을 가동할 수 없는 상황이었기 때문에 한시가 급한 상황이었다.

그렇다고 해서 외부에만 문제가 있었던 것은 아니다. 회사 내에서도 반대가 심했다. 다들 믿지 않았다. 우선 회사 내 환경 부서에서부터 다 안 된다고 했다. 고체연료사용승인을 받으러 해당 구청에 가면 회사 환경팀 승인부터 받아 오라고 할 정도로 반대가 심했다. 담당부서 팀장이 주장하는 대로 환경유해요소가 덜 나온다는 것을 아무도 믿지 않았다.

2007년 1월부터 Petro Cokes 보일러의 본격적인 가동에 들어가면서 에너지 절감 효과가 나타났다. Petro Cokes 보일러 개발 이후 연료비절감 효과가 연간 100억 원 정도나 됐다. Petro Cokes 보일러를 가동하기 전에는 1년에 자본금의 350%씩 적자가 나서 문을 닫을 지경이었지만, 올해부터는 흑자로 전환될 것이다. 현재 법정관리에 있는 코스모화학은 2008년을 지나면 빚을 거의 다 갚을 것으로 예상되고 있으며, 법정관리에서도 곧 벗어날 것이다.

코스모화학의 주력제품인 이산화티타늄은 제지에 가장 많이 들어간다. 이산화티타늄이 들어가지 않으면 누런색을 띠는데, 이산화티타늄이 들어가서 하얀색을 띤다. 또한 이산화티타늄이 들어가지 않으면, 종이의 앞면이 뒷면에 그대로 비치게 된다. 이산화티타늄은 여러 산업 분야에서 활용되고 있다.

중국이 이산화티타늄 제품을 생산하기 전에는 그야말로 코스모화학의 독주였다. 그러나 중국 제품이 가격 경쟁력을 무기로 본격적으로 시장에 나오면서 코스모화학의 위상은 흔들리게 되었다. 게다가 계속적으로 오르는 연료비용의 부담은 기업의 존폐마저 위협했다.

이에 Petro Cokes 보일러의 개발은 획기적인 일이었다. 이전부터 코스모화학은 질적인 면에서부터 차이가 났기 때문에 중국 업체들의 경쟁에서 어느 정도 자신감을 가지고 있었는데, 가격 경쟁력까지 확보한 것이다.

현재 선진국에서는 코스모화학의 제품을 더욱 선호하고 있다. 코스모화학 제품은 품질이 균일하지만, 중국 제품은 들쑥날쑥해서 품질관리가 전혀 안 되기 때문이다. 이제는 중국 제품이 아무리 싸더라도 제품의 품질을 신뢰하지 못하고 있다.

코스모화학의 전체 매출 중에서 수출은 70%의 비중을 차지하고 있다. 코스모화학은 수출지향의 업체이기 때문에 최근의 환율 상황은 유리하게 작용하고 있다. 외환위기 때에도 고환율로 매출이 증가하기도 했다.

코스모화학의 주요수출국은 현재 일본과 미국이다. 이산화티타늄은 크게 ANATASE와 RUTILE 두 종류가 있는데, 아나타제용의 경우 코스모화학이 미국에 수출을 하지 못하게 되면, 당장 화폐를 찍어 내지 못할 정도이다.

해외에서 이산화티타늄 사업을 하는 업체들은 확장할 계획을 세우지 못하고 있고, 또한 신규로 할 엄두도 못 내고 있다. 이는 CO2 배출권 협약 등으로 인해서 환경적인 에너지가 많이 들어가고 비용이 많이 들어가기 때문이다. 그러나 코스모화학은 Petro Cokes 보일러를 통해서 환경 문제와 연료비용 문제 등을 모두 해결한 상태이다.

대다수의 업체들은 이를 해결하지 못해서 도산을 하고 있고, 제품생산을 꺼려서 사업 품목을 변경하고 있는 상황이다. 갈수록 시장에서는 이산화티타늄 제품이 품귀해지고 있는 것이다. 코스모화학에게는 큰 기회가 찾아온 것이다. 아직까지는 이산화티타늄을 대체할 신물질이 개발되지 않았기 때문에 현재의 환율과 더불어서 앞으로 제품단가 인상으로 인해서 코스모화학은 큰 호황을 누릴 것이라 예상되고 있다.

⁘ 4. 한발 앞선 결정으로 경쟁력을 확보하다

처음 Petro Cokes 보일러를 가동했을 때 제대로 작동할지 우려가 많았다. 역시 문제가 발생했는데, 로우가 녹아내리고 미분이 생겨서 처리가 곤란하게 된 것이다. 이런 과정을 3~4개월 반복적으로 겪은 후에야 해결을 하게 됐다. 바로 아웃소싱 공급업체인 '정산이앤티'의 관리로 인한 결과이다.

또한 환경 담당부서에서도 Petro Cokes 연료를 사용함에 있어서 기존연료보다 더 많이 배출할 것이라 우려했었다. 이는 우려에 그쳤다. 실제로는 방지시설 덕분에 기존의 연료보다 더 적게 배출되었다. 벙커씨유(0.3%)를 사용할 때보다 1/2로 준 것이다. 여기에 약품을 사용하게 되면 1/5까지도 가능하게 되었다. 우려와는 반대로 환경에도 큰 도움을 주고 있는 것이다.

체계적으로 분석되지는 않았지만 이산화탄소배출량도 이전보다 좋아진 것으로 판단되고 있다. 굴뚝에서 올라오는 연기가 예전과 확연하게 다르다. 예전에는 연기를 마시면 숨쉬기가 어려웠을 정도였지만, 현재는 연기를 마셔도 이전 같지 않다. 이와 같은 성과는 '정산이앤티'와 아웃소싱을 함으로써 이룰 수 있었다.

'정산이앤티'는 보일러 관련 업무를 담당하고 있는 아웃소싱 공급업체이다. 처음 '정산이앤티'는 코스모화학의 계열사로 설립되었는데, 계열사라고는 하지만 독립법인 형태로 독자적인 길을 걸어왔다. Petro Cokes 보일러 개발 당시에는 M&R(Maintenance and repair) 사업을 수행하였다.

Petro Cokes 보일러 프로젝트를 하면서 보일러설비, 탈황설비, 저장설비 등 여러 분야가 들어가다 보니까 각 설비별로 전문 업체가 있어서 탈황, 저장설비 등에 있어서는 전문 업체에 하도를 주고 '정산이앤티'는 전체적인 관리를 맡아 진행하였다. 코스모화학의 Petro Cokes 보일러 완성 이후에는 현재 설비를 관리하고 있다.

'정산이앤티'와의 계약은 연간 형태로 이루어지고 있으며, 비용은 연간 10억 원 정도이다. 이 비용의 대부분은 유지·보수에 드는 인력 비용이다. '정산이앤티'의 보일러 관리 담당자는 Petro Cokes 보일러 개발 초기 단계부터 참여했으며, 현재 코스모화학과 관련된 여러 업무를 일괄 담당하고 있다.

'정산이앤티'는 코스모화학의 Petro Cokes 보일러의 설비와 관리를 맡으면서 크게 성장할 수 있었다. 현재 Petro Cokes 보일러 설비와 관리는 '정산이앤티'의 주력사업으로까지 발전되어 있다. 코스모화학의 Petro Cokes 보일러 교체가 성공을 하게 되자, 기존의 보일러를 사용하는 다른 업체에서도 Petro Cokes 보일러에 관심을 보이게 되었다.

현재 효성케믹스는 설비가 완료 단계에 있어서 11월 15일에 가동될 예정에 있다. Petro Cokes 보일러의 장점은 연료비를 기존의 1/5로 공장을 가동할 수 있다는 점이다. 이러한 장점이 부각되어 앞으로 Petro Cokes 보일러를 사용하려는 업체는 더 늘어날 전망이다.

‘정산이앤티’와 아웃소싱을 진행하면서 코스모화학의 직원 몇몇이 ‘정산이앤티’로 옮겨 갔다. ‘정산이앤티’에서 보일러 관리를 일임하면서 코스모화학의 보일러 관련 직원들이 고용승계 차원에서 옮겨 간 것이다. 예전 코스모화학 직원이었기 때문에 서로간의 소통이 아주 용이하다는 장점을 가지고 있다. 코스모화학의 생산팀, 환경팀, 관리팀장과 ‘정산이앤티’의 공무팀장이 서로 소통하고 있다.

코스모화학은 Petro Cokes 보일러를 이용하면서도 기존에 있는 설비는 그대로 놔 두고 있다. 1년에 한 번씩 정기적으로 안전검사, 성능검사 등을 받아야 하는데, 약 20일 정도 걸린다. 그때에만 기존의 설비를 이용하고 있으며, 평상시에는 Petro Cokes 보일러를 100% 가동하고 있다.

5. 함께 성장할 수 있는 발판 — 아웃소싱

현재 코스모화학은 아웃소싱을 통해서 상당히 높은 효율을 얻고 있기 때문에 크게 만족하고 있다. Petro Cokes 보일러의 도입으로 기업의 이윤이 큰 폭으로 상승했기 때문이다. 예전에는 품질 경쟁력만 갖고 있었지만, 현재는 제품의 가격 경쟁력까지 확보하게 된 것이다.

또한 ‘정산이앤티’는 수요자인 코스모화학의 입장에 서서 끊임없이 노력하고 있는 점에서 만족스럽다고 한다. 이것은 코스모화학의 예전 담당 직원들이 그대로 ‘정산이앤티’로 갔기 때문이다. 아웃소싱을 하게 되면 그 분야에 대한 직원들이 축소되거나 해고되기 마련인데, 그대로 고용승계되었기 때문에 직원들의 불만도 없다. 오히려 양사의 의사소통을 돕고 있다.

'정산이앤티' 입장에서도 크게 만족할 수밖에 없다. 최초의 출발은 M&R로 시작을 했다가 Petro Cokes 사업을 주력사업으로 해서 크게 성장했기 때문이다. M&R 부분만 아웃소싱할 때는 인천과 온산 공장 둘 다 해도 매출이 20억 원 정도밖에 안 되었지만, 현재는 Petro Cokes 사업 하나만으로도 매출이 50억 원을 넘기고 있다. 아웃소싱을 통한 상호 협력은 양사를 크게 성장시킨 것이다.

Petro Cokes는 현재 현대정유 한 군데서만 나온다. Petro Cokes 어떤 방식으로 원유를 정제하느냐에 따라서 생성이 되는데, 현재 우리나라에서는 현대정유만이 해당 방법을 이용해서 정제하기 때문에 Petro Cokes가 유일하게 생산되고 있다. '정산이앤티'가 보일러를 개발하기 이전에는 일본으로 30원에 판매되었다. 거의 버리다시피 해서 팔았던 것이었다.

그러나 코스모화학이 보일러를 교체하면서 처음에는 해당 원료를 89원에 사오다가 지금은 원가가 올라 200원에 사오고 있다. 현대정유 입장에서는 골치 아픈 폐기물로 매출을 올리게 된 것이다.

현재 코스모화학은 연료 공급처를 다변화할 것을 고려하고 있다. 국내에서는 Petro Cokes를 생산하는 업체가 현대정유 하나이다 보니, 앞으로 단가가 더욱 오를 것으로 예상되고 있기 때문이다. 연료 공급처로는 해외에서 수입하는 것을 고려하고 있는데, 해외에서는 여전히 Petro Cokes가 에너지로 잘 활용되지 않고 있기 때문이다.

오히려 해외에서는 Petro Cokes가 폐기물로 분류되기 때문에 처리에 골머리를 썩고 있는 실정이다. 코스모화학은 해외의 Petro

Cokes의 가격 동향을 면밀히 파악할 예정이다.

향후에도 코스모화학과 '정산이앤티'의 아웃소싱 협력관계는 지속적으로 이어질 것이다. 개발 당시부터 함께한 관계이기 때문에 지금에 와서 이 관계를 깨뜨릴 이유가 없기 때문이다. 오히려 더 협력관계를 강화해서 Petro Cokes 보일러를 개선시켜 나갈 것이다. Petro Cokes와 관련해서 '정산이앤티'만 한 업체가 없기 때문이기도 하다. 물론 더 좋은 기술력을 갖고 있는 업체가 있다면, 고려해 볼 수는 있다.

아웃소싱 공급업체의 의견

〔 아웃소싱 성과 〕

도급관계로 업무의 신속성, 책임성, 업무의 강도상승으로 인건비가 절감되고 생산싱이 향상되었다.

〔 아웃소싱 활성화를 위한 기업적 / 정책적 기대사항 〕

공급자는 인원관리 간소화로 불만해소 및 업무의 책임을 하도급에게 전가할 수 있어 계획생산 및 생산성 향상을 기대할 수 있다.

하도급자도 적은 인원관리로 커뮤니케이션의 원활화 등으로 노조와 마찰이 적고 효율적 인원관리가 되고 있으나 책임량과 공급자의 요구사항에 대응하기 위해서는 공급자 측 소속으로 있는 것보다 정신적, 육체적으로 강도 있는 근로가 된다.

〔 회사 소개 〕

코스모화학이 Petro Cokes 보일러를 이유형 팀장이 세계 최초로 개발하자 분사하여 코스모화학 인천공장 온산공장 아웃소싱 및 Petro Cokes 보일러 공사를 주력으로 기계, 건설, 환경 사업을 하고 있으며 추후에는 ESCO 업체로 등록을 추진하고 있는 신생기업으로 2012년 코스닥등록을 목표로 활발히 기업활동을 하는 업체이다.

현재 인원은 임원 2명, 사무직 14명, 현장직 48명으로 구성되어 있다.

2008년 매출목표 100억 원에, 매출 예상액은 약 120억 원 정도이다.

공사실적으로는 코스모화학인천공장 Pc 보일러 35톤 1기 건설, 여수산업단지 내 호성케멕스(주) 15톤 Petro Cokes 보일러 1기, 2008년 11월 중 준공을 목표로 건설 중에 있다.

아웃소싱으로 미래를 준비하다 16.

구분	발주사
업체명	경도화학공업 
주요업종	화학 제조업 – 악기용 도료
대표명	신철우
주소	경기도 안산시 단원구 목내동 487 – 1번지
홈페이지	www.gdchem.co.kr
요약	(주)경도화학공업은 제품의 출시까지 많은 실험을 해야 하는데 이 부분을 화학시험연구원이나 건자재실험연구원 등 전문기관에서 진행하고 있다.

⁂ 1. 비온 뒤에 땅이 굳어진다

　(주)경도화학공업은 고객에 대한 봉사를 통해서 개인의 창의력을 발휘하는, 보람된 직장을 만든다는 기업 이념을 갖고 있는 도료 전문 생산 기업이다. 1977년에 폴리우레탄 도료를 제조하는 기술을 기반으로 설립되었으며, 이후 목공용 페인트를 생산하는 데에 주력해 왔다. 외환위기 때에는 큰 위기를 겪어서 화의신청을 했으며, 2000년에 다시 정상 궤도에 올라 성장의 가속 페달을 힘차게 밟고 있다.

　(주)경도화학공업의 사업 초기에는 가구용 도료 생산이 사업의 많은 부분을 차지하였고, 악기용 도료는 상대적으로 작은 규모였다. 그러던 와중에 한국경제에 외환위기라는 먹구름이 드리운다. 당시 B사와 같은 대규모 가구회사들은 구조조정을 하거나 도산하는 상황이었다.

　가구용 도료가 사업의 큰 비중을 차지하고 있던 (주)경도화학공업도 덩달아서 부실이 발생하게 되어서 화의절차에 들어가게 되었다. 이런 과정을 지나오면서 이제는 수익성이 좋지 않고, 대금지급이 제때 이루어지지 않거나 금융거래가 부실한 업체와는 거래를 하지 않고 있다. 안정적인 회사에만 한정지어 거래를 하다 보니 매출이 크게 늘어나지 않을 수도 있지만, 장기적으로 본다면 안정적인 사업 운영에 도움이 될 것이라 판단하고 있다.

　(주)경도화학공업은 현재 특수도료를 주력 생산 품목으로 정하여 생산하고 있다. 대표적인 생산제품으로는 악기용 도료, 자외선경화용 도료라는 친환경적인 무용제(無溶劑) 타입의 도료를 주로 생산

하고 있다. 이 밖에 방수바닥재용 도료와 같은 공업용 도료도 취급하고 있다.

(주)경도화학공업의 매출은 2008년 처음으로 100억 원을 넘어설 전망이다. 현재 정규직원은 37명으로, 본격적인 성장가도를 달리고 있다고 볼 수 있다. 기술력도 점차 자리를 잡고 있는 상황이다. 중소기업청으로부터 이노비즈(Inno-Biz)기업 인증을 받았고, ISO는 수년 전에 인증을 획득한 상태이다.

또한 (주)경도화학공업은 중국 수출에도 집중하고 있다. 특히, 중국강제인증(CCC)을 받은 품목을 6개 보유하고 있다. 중국강제인증은 중국에 수출하기 위해서 꼭 필요한 인증이다.

최근 (주)경도화학공업의 경영 상황은 유가급등과 원자재 가격 인상으로 인해서 좋지 않다. 원료비용이 원가의 80%를 넘어가는 상황에서까지 이르렀지만, 2009년 매출 목표를 150억으로 잡고 각 사업부마다 열심히 뛰고 있다. (주)경도화학공업은 10년 전, 화의신청이라는 큰 위기도 이겨 냈기 때문에 현재의 위기 상황도 슬기롭게 극복해 내리라 자신하고 있다.

이러한 자신감으로 (주)경도화학공업은 '비전 2020'이라는 슬로건을 내걸고 중장기 프로젝트를 각 부서마다 진행하고 있다. 단순히 현재의 위기만을 극복하는 데에 급급한 게 아니라 이 위기의 순간에도 장기적인 성장을 도모하고 있는 것이다.

2. 경도, 비전 2020

　한 치 앞을 내다볼 수 있는 중소기업으로서는 미래 전략을 수립하는 것이 쉽지 않은 일이지만, 2008년에 들어서는 전략적인 플랜을 내부적으로 구상하게 되었다. 30년이라는 업력을 가지고도 시스템적으로나 경영적인 부분에 있어서 체계화되지 않았던 것이 사실이었다.

　당장에 매출을 신장시키는 것도 중요하지만, 내부적으로 강하고 체계적인 조직을 만들어서 개발이나 영업이 활성화될 수 있도록 '경도, 비전 2020'이라는 마스터플랜을 진행하고 있다.

　시장상황에 빠르게 대응할 수 있는 것이 중소기업의 장점인데, 과거에는 이러한 장점을 제대로 살리지 못했다. 대기업처럼 장기적인 플랜을 가지고서 원자재가격을 소폭 낮춰서 생산단가를 낮출 수 있는 체계적인 시스템 관리도 없었다. 이런 점들을 극복하기 위해서는 기술이 뒷받침되어야 하는데, 현재의 기술력은 아직 그 수준에 미치지 못한 실정이다.

이에 (주)경도화학공업은 눈앞의 단기적인 과제들과 더불어 중장기적인 과제들을 가지고 갈 생각이다. 과거에는 현상 유지에 급급한 기업이었지만, 이제는 창조적인 기업을 만드는 것이 경영진이나 직원 모두의 바람이다. 이러한 바람을 담고 있는 것이 바로 '경도, 비전 2020'이다.

▓ 3. 기업 현황과 시장 상황

(주)경도화학공업의 매출에 있어서 가장 큰 비중을 차지하는 것은 단연 악기용 도료이다. 기타(통기타, 전기기타), 바이올린과 같은 현악기 종류의 도료로 전체 생산 품목의 70, 80%를 차지하고 있으며, 그중에서 90% 가까이를 중국으로 수출하고 있다.

이처럼 중국 수출의 비중이 높은 이유는 국내의 악기제조업체들이 외환위기 이후에 채산성 악화 등의 문제로 대부분 중국으로 이전했기 때문이다. 또한 미국, 유럽 등의 악기제조사들의 생산 공장 역시 중국에 집중되어 있다. 이에 따라서 악기도료사업부는 대부분의 제품을 수출하고 있으며, 공업용 도료를 맡고 있는 신소재사업부도 생산품의 일부를 일본 등으로 수출하고 있다. 현재 (주)경도화학공업 전체 매출의 70% 정도가 수출에 집중되어 있다.

(주)경도화학공업의 중국 수출 제품들의 주요 고객들은 예전에 한국에 있다 중국으로 이전한 업체들이다. S피아노, Y피아노가 피아노 쪽의 주요 고객이며, 중국에 큰 공장을 가지고 있는 S악기 역

시 주거래 기업이다. 그 밖에 중국에 있는 유명 대형브랜드의 OEM으로 생산하는 업체들에게도 도료를 공급하고 있으며, 대형 기타브랜드와 바이올린 제조업체들은 (주)경도화학공업의 도료에 크게 만족하고 있다.

국내에서는 악기용 도료를 소비하는 업체가 거의 없기 때문에 도료를 생산하는 국내기업들끼리도 중국 현지에서의 치열한 경쟁을 펼치고 있다. 국내 시장이 그대로 중국으로 옮겨 갔다고 생각하면 된다. 청도에 악기 제조업체들이 집중되어 있는데, 이들은 간혹 일본 도료를 쓰기도 하지만 대부분 한국 도료를 쓰고 있다.

도료가 사용되는 제품들은 일반적으로 고가 품목이나 중가 이상의 품목에 한국 도료를 사용하고, 저가 품목에 대해서는 중국 도료를 사용하는 게 일반적이다. 고가 품목에 사용되는 도료에는 (주)경도화학공업과 H화학의 제품이 대부분 사용되고 있다. Y페인트와 같은 몇몇 업체들이 도료 시장에 진출하기는 했지만, 아직은 악기용 도료 사업에 뛰어든 지 몇 해 되지 않았고, 또한 가구용 도료에 쓰던 기술을 접목하다 보니 기술력에 있어서는 뒤떨어지고 있다.

앞으로 악기용 도료 시장 상황은 악기 시장과 더불어서 밝은 편

이다. 국내 시장에서도 생활수준의 향상과 더불어서 30·40대에서 악기를 많이 찾고 있다. 악기의 종류도 전기기타, 통기타, 피아노, 색소폰 등 다양한 편이다. 구체적인 자료를 가지고 있지는 않지만, 여러 문화강좌 프로그램 등을 살펴보면 악기레슨은 꼭 들어가 있을 정도로 일반인들의 호응이 좋다. 따라서 국내 시장은 전체적으로 규모가 커질 것으로 예상하고 있다.

해외에서도 악기시장은 안정화되어 있다. 당장 급성장은 이룰 수 없지만, 현재의 수요는 무난히 유지되리라 전망하고 있다. 이처럼 악기 관련 제품을 생산하는 것은 안정적인 수입원이 되는 사업 중에 하나다.

이렇듯 악기 시장 자체는 전반적으로 안정되어 있다. 안정성이라는 말은 뒤집어보면 현상 유지라는 말이 되기도 한다. 때문에 (주)경도화학공업은 안정성을 바탕으로 다른 분야에 진출할 계획을 가지고 있다. 기업의 고성장을 위해서는 현재 상태로는 안 된다는 판단을 한 것이다.

그렇다고 악기용 도료 사업에 대한 집중도를 낮춘다는 것은 아니다. 바이어들의 요구는 끝이 없고 항상 새로운 도료들을 요구한다. 이를테면 친환경 도료나 인체에 무해한 도료, 그리고 생산성을 높일 수 있는 도료, 충격에 견디어 주고 목재도 보호할 수 있는 고기능성 도료 등 끊임없이 새로운 것을 요구하고 있다. 이에 (주)경도화학공업도 제품개발을 끊임없이 진행할 예정이다.

⁜ 4. 시험분석은 새로운 기술에 대한 확신을 제공

현재 악기 도료 시장은 안정되어 있지만, 수요자인 바이어나 악기를 직접 만드는 엔지니어들은 끝없이 좋은 도료 제품을 요구하고 있다. 이러한 요구에 부응하기 위해서는 제품 출시까지 많은 실험을 해야 하며, (주)경도화학공 역시 많은 실험을 수행하고 있다.

하지만 중소기업이다 보니 실험 기자재 구비가 현실적으로 어렵다. 이에 대부분 '화학시험연구원'이나 건자재실험연구원 등 전문기관과 아웃소싱 계약을 맺고 실험을 진행하고 있다. 꼭 그와 같은 실험들을 해야 하느냐고 생각하는 내부 의견도 있지만, 안전성을 확보하기 위해서라도 제품 실험은 꼭 필요하는 게 (주)경도화학공업의 의견이다.

(주)경도화학공업의 도료를 납품받은 기업이 제품을 생산하면, 그 제품의 최종 구입자는 유럽, 미국 등 선진국에 있는 바이어들이다. 그들이 제품을 구입할 때 어떤 도료를 어떻게 썼는지에 대한 문의가 빠지지 않는다. 또한 유럽의 경우 '노하스'라는 인증 제도를 통과해야 되고, 미국의 경우도 유기용제나 포르말린이 나오는 것에 대한 제재가 심해지고 있어 도료의 안전성 확보는 매우 중요하다.

특히 악기의 주 소비층은 높은 비용을 지불하더라도 안전한 제품을 선호하는 경향을 보이고 있는 것도 실험을 늘이는 이유 중 하나이다. 악기라는 것은 어른뿐만 아니라 아이들도 사용하는 만큼 외국에서는 특히 안정성에 대해 민감하게 반응한다. 바이어 입장에서 안전성을 굉장히 신경을 쓸 수밖에 없는 현실이다. 이에 (주)경도화학공업은 꼭 외부 시험 기관에 의뢰를 해서 실험에 대한 도움을 받아 오고 있다.

(주)경도화학공업에서는 친환경 소재를 적극 개발하고 있는데, 현재 개발 중간단계에 와 있다. 과거에는 우레탄이나 폴리에스테르 등을 많이 사용했으나, 최근에 정전기적인 특성을 구현하는 정전도장과 같은 새로운 기술을 접목할 수 있는 도료를 개발하고 있다.

이 부분에 대한 아웃소싱을 '화학시험연구원'과 꾸준히 진행하고 있다. '화학시험연구원'이 도료의 전반적인 특성을 평가해 줄 수 있는 장비나 전문가들을 많이 보유하고 있고, (주)경도화학공업이 원하는 물리적 특성을 구현하기 위해서 부족한 부분에 대한 충고와 지원도 받으면서 아웃소싱을 진행하고 있다.

'화학시험연구원'과 함께한 것은 시기적으로 단정 짓기는 어렵지만, 오랫동안 함께하고 있다고 볼 수 있다. (주)경도화학공업이 설립되었던 초창기에는 해당 기자재들의 대부분을 자체적으로 구비하고 있었다. 하지만 도료들이 기술적으로 비약적인 발전을 하게 되면서 새로운 기술개발을 하려면, 실험 기자재들도 새로 구비해야 했다. 매번 새로운 기자재를 갖출 수 없었고, 이에 대한 비용적인 부담이 늘면서 외부에 있는 연구소들과 아웃소싱이 이루어졌다고 볼 수 있다. 따라서 각 사업부는 특성에 맞는 연구소와 아웃소싱을 하게 되었는데 현재는 악기사업부에서 가장 많이 이루어지고 있다.

오랜 기간 '한국화학시험연구원'과 아웃소싱 관계를 맺고 있는

(주)경도화학공업은 '화학시험연구원'의 회원사다. 따라서 비용에 있어서는 일정 부분 할인을 받고 있다. 물론 독자적인 계약관계를 맺고 있지는 않다. 다만 주기적인 실험의뢰에 의해 자연스럽게 유대관계를 맺고 있는 것이다.

연간으로 보면, 악기사업부의 경우는 두 달에 한 번꼴로 '화학시험연구원'을 이용하고, 일회 실험 비용도 꽤 높은 편이다. 도료를 평가할 때는 다양한 항목에 대해서 평가를 하게 된다. 도료가 액체 상태일 때부터 어떤 기재에 올라가서 완제품이 될 때까지의 일련의 과정에 대해서 평가를 하기 때문에 실험 항목이 굉장히 많다. 그러다 보니 비용이 높아질 수밖에 없고, 그때마다 모두 시험을 의뢰하기는 힘들다. 때문에 간단한 항목의 경우에는 사내에 있는 연구소에서 실시한 후에 가능성이 있다고 판단되는 항목에 한해서 '화학시험연구원'에 의뢰를 하고 있다.

2007년의 경우 정부의 지원이나 할인을 받아서 실험을 진행했을 때 건당 400만 원 정도 지출했고, 2008년의 경우 조금 더 높은 비용을 지불했다. 이러한 비용은 중소기업에 대한 지원책의 일환으로 산업관리공단에서 지원을 받거나 '화학시험연구원'이나 기타 연구소에서 일정 부분 할인을 받고 있으며, 국가과제를 진행하는 데에 있어서는 실험의뢰비로 사업비를 책정하기도 한다.

실험 기간은 요구하는 항목에 따라서 달라진다. 보통 2주 정도가 소요되며, 최근에 시험한 유기용제 방산량 측정 시험은 1달가량 소요되었다.

만약 여러 시험평가들을 내부연구소에 자체적으로 시행한다면, 생산 주체와 시험 주체가 동일한 이유로 그 결함에 대해서는 관대해질 수밖에 없다. 즉 작은 수치의 반올림 등과 같은 방법으로 어떻게든 좋은 쪽으로 해석하게 되기 마련이다. 하지만 외부기관에서는 시험 결과에 대한 이해관계가 없기 때문에 당연히 측정가능한 모든 수치를 객관적으로 제공해 준다.

(주)경도화학공업은 아웃소싱의 어려운 점으로 예산을 꼽았다. 외부기관에 평가를 의뢰한다는 것 자체가 상당히 높은 비용이 소요된다. 포르말린이나 유기용제 발산량 측정의 경우 샘플 하나당 100만 원 정도가 소요된다. 동시에 진행하면 샘플 하나당 200만 원이 소요되는 셈이다. 중소기업 입장에서 샘플 하나당 200만 원을 지출한다는 것은 굉장히 큰 출혈이다. 그러다 보니 예산에 쫓겨서 시험을 하지 못하는 경우도 많이 발생을 한다. 이때는 자체적으로 시험을 하고 있다. 하지만 시험에 대한 신뢰성 면에서 외부기관이 더 높은 게 사실이다. 연구비용은 이미 연구소별로 기준가격을 정해 놓고 있어 의뢰하는 입장에서 정할 수 있는 부분이 아니기 때문에 중소기업을 배려하는 차원이 다소 부족한데, (주)경도화학공업은 이러한 부분에서 약간의 아쉬움을 토로하고 있다. 중소기업에 대한 비용은 낮게 책정하는 등의 배려가 필요하다는 의견이다.

(주)경도화학공업은 외부 연구소에서 시험을 진행하는 것에 대해서는 만족하고 있다. 조금 아쉬운 점이 있다면, 국내 연구소를 잘

인정해 주지 않는 바이어들에게 있다고 할 수 있다. 코라스(KOLAS)* 인증을 가지고 있는 연구소의 성적서조차 잘 믿지 않는 바이어들이 종종 있고 간혹 특정 연구소의 성적서를 요구하는 경우도 있다. 이런 때는 문서상으로 요구하는 것이 아니라 구두상으로 요구하는 것이기 때문에 꼭 따라야 할 필요는 없지만, 그래도 바이어들의 비위를 아주 거스를 수는 없는 일이다.

이 부분에 있어서 '화학시험연구원'이 모범적인 사례일 것이다. '화학시험연구원'의 경우는 독일에 분소가 있는데, 이는 유럽 안에서 국내 업체들을 인증해 주기 위해서 설치한 것이다. 이와 같이 다른 연구소들도 공신력에 있어서 해외 어디에서나 인정받을 수 있는 기관이 되어야 할 것이다.

(주)경도화학공업은 앞으로 연구와 관련된 아웃소싱을 늘릴 계획을 가지고 있다. '경도, 비전 2020'과도 연관된 것으로 앞으로 전자 부품 분야에 진출할 계획을 가지고 있다. 이때 외부 연구소를 적극 활용할 계획이다. 즉 외부 연구소로부터 기술을 도움을 받아서 공동으로 개발하는 식으로 진행할 것이다. (주)경도화학공업은 외부 연구소와 공동 기술개발을 통한 신제품 개발을 목표로 하는 만큼, 해당 분야에 있어서 전문성을 갖춘 연구소와 아웃소싱을 하게 될 것이다. 구체적인 안과 진행에 대해서는 현재 몇몇 기관과 협의 중에 있다.

---

* KOLAS(Korea Laboratory Accreditation Scheme): 한국교정시험기관인정기구.

　정부의 여러 연구소들은 중소기업에게 실질적인 도움을 많이 주고 있다. 중소기업이 할 수 없는 분야를 아웃소싱의 형태로 도움을 주고 있기 때문이다. 중소기업이 다루는 상품들의 대부분, 특히 도료를 다루는 기업들의 경우는 고수익성 제품들이 아니기 때문에 신제품 개발을 위해서 많은 비용을 투자할 수가 없는 것이 현실이다. 이러한 점을 감안해서 정부에서는 아웃소싱 활성화 차원으로 중소기업을 지원해 준다면 많은 도움이 될 것이다. 구체적인 사업 아이템과 플랜을 객관적으로 평가해서 성장가능성이 있는 기업에 대해서는 지원을 확대해야 할 것이다.

지은이 | 지식경제부 산업연구원
펴낸이 | 채종준
기　획 | 이주은
편　집 | 박재규
마케팅 | 김봉환
표지디자인 | 이효정
아트디렉터 | 양은정

초판인쇄 | 2010년 5월 31일
초판발행 | 2010년 5월 31일

펴 낸 곳 | 한국학술정보㈜
주　　소 | 경기도 파주시 교하읍 문발리 파주출판문화정보산업단지 513-5
전　　화 | 031) 908-3181(대표)
팩　　스 | 031) 908-3189
홈페이지 | http://ebook.kstudy.com
E-mail | 출판사업부 publish@kstudy.com
등　　록 | 제일산-115호(2000. 6. 19)

ISBN　　978-89-268-0978-5 13320 (Paper Book)
　　　　978-89-268-0979-2 18320 (e-Book)

이담Books 는 한국학술정보(주)의 지식실용서 브랜드입니다.